함께 배워요 한국어 6B

함께 배워요 한국어 6B

동국대학교 국제어학원 편

동국대학교출판부

집필위원 소개

함께 배워요 한국어 6B (2019)

최은경 동국대학교 국어국문학과 문학박사

백수혜 동국대학교 국어국문학과 박사과정 수료

전종영 이화여자대학교 교육대학원 교육학석사

함께 배워요 한국어 6 (2012)

선홍남 동국대학교 국어국문학과 박사과정 수료

최은경 동국대학교 국어국문학과 문학박사

이혜영 연세대학교 한국학협동과정 박사과정 수료

김수진 한국외국어대학교 국어국문학과 문학박사

하미정 동국대학교 국어국문학과 석박사통합과정 수료

함께 배워요

한국어 6B

2019년 9월 10일 초판 1쇄 발행
2020년 6월 15일 초판 2쇄 발행

편저자 동국대학교 국제어학원
집필위원 최은경, 백수혜, 전종영, 선홍남, 이혜영, 김수진, 하미정
펴낸이 윤성이
펴낸곳 동국대학교출판부

주소 100-715 서울시 중구 필동로 1길 30
전화 02-2260-3483~4 **팩스** 02-2268-7851
Homepage http://dgpress.dongguk.edu **E-mail** book@dongguk.edu
출판등록 제2-163(1973. 6. 28.)
편집디자인 다름
인쇄처 네오프린텍(주)

ISBN 978-89-7801-966-8 14710
ISBN 978-89-7801-964-4 (세트)

값 15,000원

Preface

머리말

동국대학교 국제어학원에서는 2002년부터 외국인을 대상으로 한국어 교육을 시작하였습니다. 그 후 지금까지 축적된 교육 역량과 연구 성과를 집약하여 2012년 출판된 『함께 배워요 한국어 6』을 새롭게 개정하여 『함께 배워요 한국어 6A · 6B』를 출판하게 되었습니다.

이 책은 한국어를 배우는 고급 학습자들의 의사소통 능력 및 학문 목적 한국어 능력을 향상시키기 위해서 만들어졌습니다. 따라서 말하기 · 듣기 · 읽기 · 쓰기의 네 가지 의사소통 능력 향상을 위한 다양한 연습과 활용은 물론 대학(원) 학업 수행에 실질적인 준비 과정이 되도록 그에 적합한 주제와 내용으로 교재를 구성하였습니다.

또한 이 책은 각 단원별 학습 내용을 단계적으로 제시함으로써 체계적인 학습이 가능할 수 있게 하였으며, 프로젝트 수업을 통해 발표, 작문, 보고서 작성 등의 학업 수행 능력을 자연스럽게 갖출 수 있도록 구성하였습니다. 따라서 학습자가 주체가 되어 연습하고 과제 활동을 수행하도록 함으로써 수업에 자신감 있게 참여할 수 있도록 하였습니다.

그러므로 이 책은 학습자들이 체계적이고 균형적인 한국어 의사소통 능력 배양 및 학문 목적 한국어 능력을 갖추는 데 도움이 될 것으로 생각합니다.

끝으로 이 책을 집필해 주신 국제어학원 집필위원 선생님들께 감사드립니다. 또한 책의 완성도를 높이기 위하여 조언을 아끼지 않은 여러 선생님께 감사드립니다. 그리고 삽화가 이혜영 선생님과 동국대학교 출판부 선생님들의 노고에 감사드립니다. 이외에도 이 책이 출판되기까지 도움을 주신 많은 분들께 감사드립니다.

2019년 9월

동국대학교 국제어학원

일러두기

『함께 배워요 한국어 6A · 6B』는 한국어를 배우는 고급 학습자들의 의사소통 능력 및 학문 목적 한국어 능력을 향상시키기 위해서 만들어진 한국어 교재이다. 따라서 말하기 · 듣기 · 읽기 · 쓰기의 네 가지 의사소통 능력 향상을 위한 연습과 활용은 물론 대학(원) 학업 수행에 실질적인 준비 과정이 되도록 내용을 구성하였다. 특히, 고급 학습자들이 학습자 개인의 배경지식을 학습 과정에서 충분히 활성화시킬 수 있도록 고급 수준에 적합한 다양한 주제와 실제적인 내용으로 교재를 구성하였다.

<table>
<tr><th>일</th><th>단원</th><th>1교시</th><th>2교시</th><th>3교시</th><th>4교시</th></tr>
<tr><td>1일차</td><td rowspan="2">1과</td><td>도입</td><td>어휘</td><td>읽기</td><td>관용표현</td></tr>
<tr><td>2일차</td><td>말하기</td><td>확장하기</td><td colspan="2">강의 듣기·요약하기</td></tr>
<tr><td>3일차</td><td rowspan="2">2과</td><td>도입</td><td>어휘</td><td>읽기</td><td>관용표현</td></tr>
<tr><td>4일차</td><td>말하기</td><td>확장하기</td><td colspan="2">작문·고전 문학·현대 문학·영화</td></tr>
<tr><td>5일차</td><td>종합과제</td><td colspan="2">보고서</td><td colspan="2">기사 발표</td></tr>
</table>

이 교재는 하루 4교시 수업을 기준으로 수업의 흐름에 따라 교수 · 학습할 수 있도록 구성되었다. 또 앞에서 학습한 내용을 응용하고 확장하여 반복적으로 제시함으로써 학습자가 자연스럽게 내용을 익힐 수 있게 하는 나선형 교육 방식을 실현하고자 하였다.

전체 열여섯 개의 주제로 이루어져 있으며 각 주제별로 한 단원을 구성하였다. 각 단원은 두 개의 소단원으로 세분화해 이틀에 걸쳐 교수 · 학습할 수 있도록 하였다. 첫날은 주제에 따른 '도입'과 '어휘'를 시작으로 '읽기', '관용표현'으로 이루어져 있고, 이튿날은 '말하기', '확장하기', '강의 듣기 · 요약하기, 작문 · 고전 문학 · 현대 문학 · 영화'로 이루어져 있다. 이렇게 두 개의 단원이 끝날 때마다 프로젝트 수업으로 '보고서' 쓰기와 '기사 발표' 활동을 할 수 있는 종합과제가 배치되어 있다.

각 단원에서는 문학, 심리, 역사, 과학, 의학, 경제, 언어, 예술 등과 같이 고급 수준에서 다룰 수 있는 주제는 물론 보고서 쓰기, 기사 발표 등과 같이 대학(원) 학업 수행에서 필요한 기능도 다루었다. 이처럼 기본적인 의사소통에서 나아가 전문적인 주제에 대해 자신의 의견을 맥락에 맞게 표현할 수 있도록 고급 수준에 적합한 주제를 선택적으로 제시하였다.

새 단원을 시작할 때마다 그림 및 도표 등을 통해 해당 단원의 주제와 관련된 배경지식을 제공함으로써 어떤 주제로 이야기할지에 대한 준비를 하게 된다. 또 고급 단계에서의 깊이 있는 어휘 확장을 위해서 해당 주제와 연관성이 높은 '단어와 표현'들을 선정하여 제시하였다.

'읽기'는 각 과 주제에 따라 고급 수준에 맞는 다양한 종류의 읽기 텍스트를 제시하여 한국어를 심층적으로 이해하고 원활하게 사용할 수 있도록 구성하였다. 텍스트는 실생활과 관련이 있으면서도 전문성을 갖춘 내용으로 되어 있으며, 다양한 유형의 연습을 통해 텍스트를 정확히 파악했는지 확인할 수 있도록 하였다.

- '관용표현'은 고급 단계에서 다루어야 하는 관용어, 속담, 한자성어, 의태어, 감각 표현 등을 익힐 수 있게 하였다. 관용표현의 의미를 파악한 후 실제 대화나 글에서 맥락에 맞게 사용해 보는 연습으로 구성하였다.
- '말하기'는 읽기 텍스트로 얻은 정보를 토대로 교수자와 학습자, 학습자와 학습자 간의 적극적인 의사소통 과정이 이루어질 수 있도록 다양한 활동으로 제시하였다. 이 단계를 통해 말하기 능력뿐만 아니라 문화 간 이해 능력도 향상시킬 수 있도록 구성하였다.
- '확장하기'는 해당 단원의 마무리 단계로서 각 과에서 학습한 내용을 총망라하여 활용하거나 추가·확장하여 유창성을 높일 수 있도록 제시하였다. 예를 들어, 읽기 텍스트 주제와 관련된 어휘, 표현, 문구, 글 등을 추가·확장함으로써 학습자의 이해 및 표현 능력을 향상시킬 수 있도록 하였다.
- 통합활동은 '읽기'와 더불어 '강의 듣기', '작문', '요약하기', '고전 문학'과 '현대 문학', '영화' 등 다양한 내용으로 구성하였다.
  (1) 강의 듣기는 해당 분야의 전문가들의 강연 내용을 듣고 메모하는 기술을 연습하며 내용 파악은 물론 말하기 활동을 연계하여 제시하였다. 주제는 컬러테라피, 뇌과학 마케팅, 프로파일링, 민간요법 등이다.
  (2) 작문은 서평, 설명문, 논설문, 감상문 등의 장르별 특징과 구성 방식을 예시 글과 함께 제시함으로써 논리적 사고와 구성력을 갖춘 글을 직접 써 보도록 구성하였다.
  (3) 요약하기는 난이도에 따라 선택하기, 삭제하기, 일반화하기, 재구성하기 등 네 단계로 구성하여 요약하는 방법을 익힐 수 있도록 하였다.
  (4) 고전 문학과 현대 문학은 준비하기, 작품 읽기, 내용 확인하기, 이야기 나누기 단계로 구성되며 읽기 능력 향상뿐만 아니라 문학 작품을 통한 문화 학습으로 이어질 수 있도록 구성하였다. 문맥을 통해 문학 작품 속 주인공들의 심리와 작가가 전하고자 하는 메시지를 유추하는 능력을 기를 수 있을 뿐만 아니라 작품에 깔린 사회적 배경과 주제를 학습하여 한국의 전통·현대 문화를 이해할 수 있는 배경지식을 갖추도록 하였다.
  (5) 영화는 영화 ❶과 영화 ❷로 구분되는데, 영화 ❶은 선정된 영화의 역사적인 사건에 대해 살펴보고 관련 정보를 찾아 발표할 수 있도록 구성하였다. 영화 ❷는 모둠 활동을 통해 한국 현대사에서 중요한 이슈를 다룬 영화에 대해 알아본 후 발표하도록 구성하였다.
- 종합과제는 '보고서' 쓰기와 '기사 발표'로 구성되었다. 각 수업은 프로젝트 수업으로 진행되며 해당 학습의 수행 능력을 단계적으로 쌓아 갈 수 있도록 구성하였다.
  (1) 보고서는 총 8회에 걸쳐 단계적으로 진행되며 각 단계는 문장 연습, 주제 선정 및 목차 쓰기, 자료 검색 및 인용, 예비 발표, 서론 쓰기, 본론 쓰기, 결론 및 참고 문헌 쓰기, 초록 발표 등이다. 각 단계마다 필요한 학습 항목을 선정하여 교수하고 학습자가 쓴 내용은 개별 피드백 하여 보완하는 방식으로 진행하도록 구성하였다. 예비 발표와 초록 발표 등을 통해 학업 수행을 체험해 보도록 하였다.
  (2) 기사 발표는 생활, 정치, 사회, 문화, 환경, 과학, 경제, 국제 등으로 주제를 구분하여 해당 주제와 관련된 주요 어휘를 선정하여 학습한 후 헤드라인을 통해 기사 내용을 추측하여 이야기해 보고 실제 기사를 읽고 의견을 나누는 활동으로 구성하였다. 이러한 활동을 마친 후 학습자 자신이 직접 선정한 기사를 발표하고 토론이 이루어지도록 제시하였다.
- 특별 수업은 고급 학습자를 위한 현장학습으로 수업시간에 관련 내용을 학습한 후 해당 장소를 직접 방문하여 체험할 수 있도록 구성하였다.

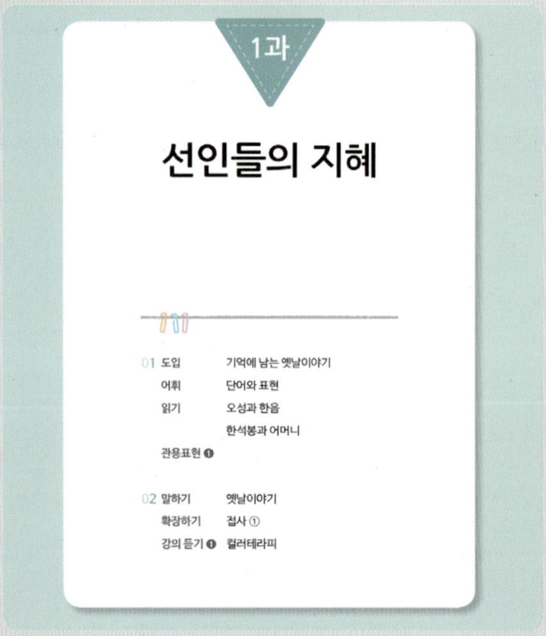

1과

선인들의 지혜

01 도입 기억에 남는 옛날이야기
어휘 단어와 표현
읽기 오성과 한음
한석봉과 어머니
관용표현 ❶

02 말하기 옛날이야기
확장하기 접사 ①
강의 듣기 ❶ 컬러테라피

1. 단원 표지

각 단원의 구성을 한눈에 확인할 수 있도록 제시하였다.

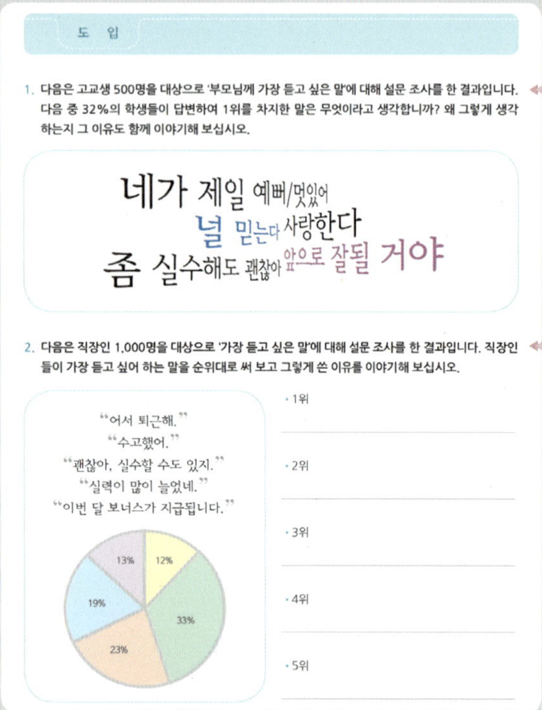

도 입

1. 다음은 고교생 500명을 대상으로 '부모님께 가장 듣고 싶은 말'에 대해 설문 조사를 한 결과입니다. 다음 중 32%의 학생들이 답변하여 1위를 차지한 말은 무엇이라고 생각합니까? 왜 그렇게 생각하는지 그 이유도 함께 이야기해 보십시오.

2. 다음은 직장인 1,000명을 대상으로 '가장 듣고 싶은 말'에 대해 설문 조사를 한 결과입니다. 직장인들이 가장 듣고 싶어 하는 말을 순위대로 써 보고 그렇게 쓴 이유를 이야기해 보십시오.

- 1위
- 2위
- 3위
- 4위
- 5위

2. 도입

각 단원의 주제에 대해 이야기해 보고 다양하게 생각해 볼 수 있도록 유도하는 단계이다.

(1) 주제와 관련 있는 사진, 그림, 도표, 광고, 담화 상황, 기사 등을 제시하여 학습자가 배경지식을 활성화할 수 있도록 한다.

(2) 학습자가 주제와 관련하여 대화 구성, 의견 제시, 문제 제기 등을 능동적으로 할 수 있도록 유도한다.

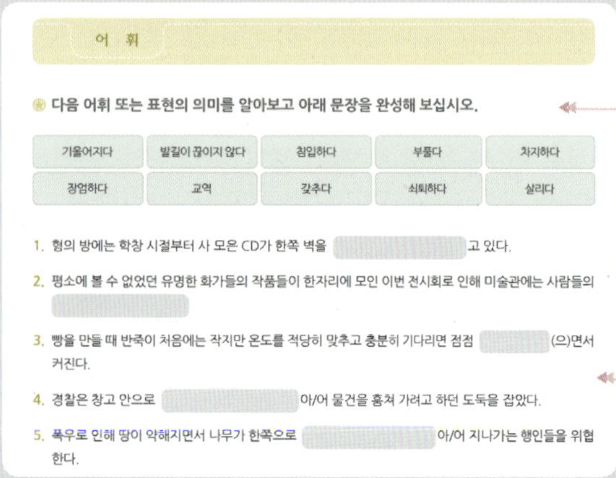

어 휘

다음 어휘 또는 표현의 의미를 알아보고 아래 문장을 완성해 보십시오.

기울어지다	발길이 끊이지 않다	침입하다	부풀다	차지하다
장엄하다	교역	갖추다	쇠퇴하다	살리다

1. 형의 방에는 학창 시절부터 사 모은 CD가 한쪽 벽을 ________고 있다.
2. 평소에 볼 수 없었던 유명한 화가들의 작품들이 한자리에 모인 이번 전시회로 인해 미술관에는 사람들의 ________
3. 빵을 만들 때 반죽이 처음에는 작지만 온도를 적당히 맞추고 충분히 기다리면 점점 ________(으)면서 커진다.
4. 경찰은 창고 안으로 ________아/어 물건을 훔쳐 가려고 하던 도둑을 잡았다.
5. 폭우로 인해 땅이 약해지면서 나무가 한쪽으로 ________아/어 지나가는 행인들을 위협한다.

3. 어휘

각 단원의 읽기 텍스트의 내용 파악을 위해 핵심이 되는 10개의 주요 어휘와 표현을 선정하여 학습한다.

(1) 주어진 어휘를 하나씩 맡아 설명해 보는 방식으로 진행한다. 사전적 의미를 그대로 전달하기보다는 학습자 자신이 이해한 대로 말해 보도록 한다.

(2) 어휘를 이해하는 데에서 그치지 않고, 문맥에 맞게 사용해 보는 과정을 통해 해당 어휘와 표현의 정확한 사용 능력을 키울 수 있도록 한다.

4. 통합활동 - 읽기

각 과의 주제와 관련된 서평, 연설문, 강연 등으로 구성하였으며 이와 관련된 말하기, 쓰기와 같은 활동으로 이어진다.

(1) 학습자가 능동적으로 읽기 활동에 참여할 수 있도록 다양한 유형의 지시문과 질문이 제시된다.

(2) 읽은 내용을 정확하게 이해했는지 확인하기 위해 지시문과 질문을 다음과 같이 구성한다.

- 주제 파악하기
- 내용 요약하기
- 내용 재구성하기
- 문단별 제목 만들기
- 세부 내용 파악하기
- 이어질 내용 추측하기
- 문단의 순서 또는 구성 바로 잡기
- 문맥에 알맞은 어휘 또는 표현 선택하기
- 문어체를 구어체로, 격식체를 비격식체로 바꾸기

읽 기

★ 다음은 『나무를 심은 사람』에 대한 서평입니다.[1] 다음을 읽고 질문에 답해 보십시오.

장 지오노의 『나무를 심은 사람』

장 지오노

㉮ 이 책은 한 사람의 힘으로 이루어 낸 위대한 일에 대한 이야기이다. 그러나 이 이야기는 영웅의 이야기도, 황제의 이야기도 아니다. 평범하지만 고결한 인격을 지닌 어느 양치기의 이야기이다.

㉯ 장 지오노[2]는 프랑스의 프로방스 지방을 여행하던 중 한 양치기를 만나게 되었다. 양치기의 이름은 엘제아르 부피에. 그는 젊은 시절 아내와 자식을 먼저 떠나보낸 뒤 메마르고 거친 땅에서 개와 함께 양 떼를 치면서 고독한 생활을 하고 있었다. 지오노는 그와 함께 하룻밤을 보내면서, 그가 정성스럽게 도토리 100개를 골라내는 것을 보게 되었다. 그리고 다음 날 양 떼를 풀어놓은 뒤 골라낸 도토리 100개를 심는 것을 목격했다. 지오노는 그가 3년간 매일 도토리를 이렇게 골라내 심어 왔음을 알게 되었고, 깊은 감명을 받았다.

1. 각 문단의 성격을 파악하여 알맞게 연결해 보십시오.

㉮ · · 작품의 줄거리
㉯ ㉰ · · 작품에 대한 간단한 소개
㉱ · · 작품에 대한 글쓴이의 평가
㉲ · · 독자들의 반응과 사회적 영향

2. 보기 에서 알맞은 표현을 하나씩 골라 빈칸 ①~④에 써넣으십시오.

보기 그 결과 다음에 덕분에 후로

3. 당시의 독자들이 장 지오노의 소설에 열광한 이유는 무엇입니까?

작가가 , , 등을 지향했기 때문이다.

4. 글쓴이는 『나무를 심은 사람』을 어떻게 평가하고 있습니까?

5. 통합활동 - 강의 듣기·작문·요약하기·고전 문학·현대 문학·영화

'강의 듣기', '작문', '요약하기', '고전 문학'과 '현대 문학', '영화' 등 다양한 내용으로 구성하였다. '현대 문학'의 경우, 주요 어휘를 학습한 후 작품을 읽고 구성 단계에 따라 내용을 정리해 보고 읽기 후 활동으로 작품에 나타난 분위기나 주인공의 심리에 대해 이야기를 나누며 작품에 대해 깊이 있게 감상하는 기회를 가져 보도록 한다.

현대 문학 〈메밀꽃 필 무렵〉

★ 준비하기

1. 여러분은 인연을 믿습니까? 누군가와의 만남이 우연이 아니라는 생각을 한 적이 있습니까?
2. 오랫동안 기억에 남는 일이나 장소가 있습니까?
3. 다음 어휘의 의미를 알아보십시오.

귀에 못이 박히다	망신을 시키다	정색하다	머쓱하다
허우적거리다	어지간하다	무렵	기막히다

★ 작품 읽기

"그다음 날 보니 아무리 찾아도 없어. 빚을 져서 가족이 모두 도망간 후였어. 첫날밤이 마지막 밤이 됐지. 평생 못 잊었어. 다시 만나면 같이 살까……?"

이야기를 하다 보니 산길은 곧 큰길로 이어졌다.

허 생원은 머쓱했는지 동이에게 말을 걸었다. 가족 이야기, 고향 이야기 등 이런저런 질문을 했다. 동이가 정색을 하며 말했다.

"저는 늘 어머니 생각뿐입니다. 가족이라고는 어머니 한 명뿐인걸요. 아버지는 원래부터 없었어요. 제천에서 저를 낳고 집에서 쫓겨났거든요."

이야기를 하다 보니 개울에 금방 도착했다. 다리가 없는 데다가 물도 차고 돌도 미끄러워 건너기가 쉽지 않았다. ㉮나귀와 조 선달은 쉽게 건넜지만 허 생원은 웬일인지 잘 건너지 못했다. 동이는 허 생원을 붙드느라 고생을 했다.

개울을 건너면서 동이가 어머니의 고향 친정이 봉평이라고 했다. ㉯동이의 말에 허 생원은 발을 헛디뎠다. 조 선달은 하루 종일 실수를 하는 허 생원이 이상했다. 동이는 비틀거리는 허 생원을 잡아 주고 난 후 등을 내밀었다. 허 생원은 동이에게 업혔다. 동이는 허 생원을 업고 물을 건너는 동안 이야기를 계속했다.

"어머니는 아버지를 한번 만나고 싶어 하세요."

허 생원은 동이의 등이 따뜻하다고 느꼈다. 물을 다 건넜을 때는 좀 더 업혔으면 좋겠다고 생각했지만 내려야 했다. 몸은 추웠지만 마음은 가벼웠다. 허 생원은 동이에게 ㉰제천장에 같이 가자고 했다.

나귀가 걷기 시작했을 때 동이의 채찍은 왼손에 있었다. ㉱허 생원은 동이의 왼손을 자세히 보았다. 방울 소리가 한층 맑고 깨끗하게 울렸다.

달이 어지간히 기울어졌다.

★ 내용 확인하기

1. 소설의 구성 단계에 맞추어 단락을 나눠 보고 내용을 요약해 보십시오.

단계	내용
발단	
전개	
위기/절정	
결말	

2. 위 글의 내용과 같은 것은 무엇입니까? ( )

① 허 생원과 동이는 오른손잡이이다.
② 허 생원은 큰 상점을 가진 상인이다.
③ 동이는 아버지에 대한 기억을 소중히 간직하고 있다.
④ 허 생원은 자신이 사랑했던 여자를 찾아 장을 돌아다닌다.

★ 이야기 나누기

1. ㉮~㉱의 이유에 대해 이야기해 보십시오.
2. 〈메밀꽃 필 무렵〉은 '묘사'가 뛰어난 작품으로 손꼽힙니다. 글 속에서 묘사가 잘 나타난 부분을 찾아 보십시오.

말하기

1. 다음 동물의 이름은 무엇입니까? 이 동물을 많이 볼 수 있는 나라나 장소는 어디입니까? 동물을 보면 떠오르는 표현이나 이미지에 대해 이야기해 보십시오.

(1) (2) (3) (4) (5)

(6) (7) (8) (9) (10)

용감하다	의리가 있다	게으르다	교활하다	똑똑하다
멍청하다	온순하다	모성애가 강하다	나약하다	부지런하다

2. 다음은 한국의 12지(支)에 해당하는 동물입니다. 다음에 대해 이야기해 보십시오.

(1) 올해의 띠 동물은 12지 중 무엇입니까? 여러분의 띠는 무엇입니까?

(2) 띠와 관련된 성격이나 떠오르는 이미지에 대해 이야기해 보십시오.

(3) 띠와 관련된 속설이나 설화에 대해 이야기해 보십시오.

(4) 여러분 문화에도 12지와 비슷한 문화가 있습니까? 한국의 12지 문화와 어떤 차이가 있습니까?

확장하기

1. 다음은 문화유산에 대한 설명입니다. 알맞은 어휘를 골라 문장을 완성해 보십시오.

지정	보존	소장	소실	발굴	복원	등재	훼손

(1) 경복궁은 조선 초에 지어진 본궁(本宮)으로서 화재에 의해 ______ 되었다가 다시 ______ 되어 오늘날 지금의 형태를 갖추게 되었다.

(2) 종묘 제례악은 종묘에서 제사를 드릴 때 의식을 장엄하게 치르기 위하여 연주하는 기악과 노래, 춤을 말한다. 종묘 제례와 종묘 제례악은 유네스코에 의해 '중요 무형문화재'로 ______ 되어 세계 무형 유산으로 ______ 되었다.

(3) 아마존 정글은 지구의 허파로 불리는 곳으로 무분별하게 숲이 ______ 되면서 점점 사라져 가고 있다. 이에 자연을 ______ 하기 위한 정부의 대책이 시급하다.

2. 무형 유산은 살아 있는 문화로 각종 지식과 기술, 공연 예술, 문화적 표현을 포함합니다. 다음은 유네스코에 새로이 등재된 무형 유산에 대한 설명입니다. 이 외에 우리 주위에서 볼 수 있는 것 중에 무형 유산으로 정하고 싶은 것이 있다면 무엇이 있습니까?

프랑스 · 지중해 · 멕시코의 '음식 문화'	유네스코는 지중해 · 프랑스 · 멕시코, 세 나라의 음식 문화를 세계 무형 유산으로 선정하였다. 이는 '먹는 문화'에 대한 사람들의 높은 관심을 반영한 것이라 하겠다. 이들 나라의 경우 식재료와 관련된 것, 식사하는 법, 조리 방법 등 음식 문화와 관련된 모든 것이 등재 대상이 되어 있다.

관용표현 ⑩

관용어	의미
귀가 찢어질 듯하다	소리가 아주 크다.
날개 돋친 듯이 팔리다	인기가 있어 빠른 속도로 팔리다.
눈 녹듯이 사라지다	눈이 녹는 것처럼 완전히 없어지다.
발등에 불이 떨어지다	급한 일이 갑자기 닥치다.
씻은 듯이 낫다	물로 씻은 것처럼 병이 완전히 낫다.

1. 다음 상황과 관련 있는 관용어를 말해 보십시오.

(1) 2년 동안 짝사랑하던 사람에게 지난주에 고백을 했는데 오늘 사귀자는 연락을 받았다. 너무 기뻐서 그동안의 마음고생도 모두 잊어버렸다.

(2) 새 휴대폰이 출시되자 너도나도 그 제품을 사려고 몰려들어 세 시간 만에 판매가 끝났다.

2. 관용어를 넣어서 다음을 완성해 보십시오.

(1) 놀이공원에서 아이가 들고 있던 풍선이 내 얼굴 옆에서 터졌다. 갑자기 큰 소리가 나서 ______

(2) 여름이 되자 바다나 계곡으로 놀러 가는 사람들이 늘고 있다. 그래서 수영복, 물안경과 같은 물놀이 용품들이 ______ 고 있다.

3. 배운 표현을 사용해서 대화 또는 짧은 이야기를 만들어 보십시오.

6. 말하기

'읽기'의 내용을 학습자에게 친숙하고 다양한 소재들과 연관시켜 구성함으로써 학습자의 말하기 활동이 자연스럽게 촉진될 수 있도록 하였다.

(1) 자신의 의견이나 경험을 바탕으로 한 학습자 간의 적극적 상호 의사소통 과정을 통해 한국어 고급 학습자로서의 생산적 말하기 능력을 향상시킬 수 있도록 한다.

(2) 학습자들이 의사소통 능력뿐만 아니라 자국이나 외국의 경우를 비교해 봄으로써, 문화 이해 능력까지 향상시킬 수 있도록 한다.

7. 확장하기

앞에서 학습한 내용을 바탕으로 하여 고급 수준에서 학습해야 할 어휘, 표현, 문구, 글 등을 추가·확장함으로써 학습자의 이해 및 표현 능력을 향상시킬 수 있도록 하였다.

(1) 추가·확장한 어휘, 표현, 문구, 글 등의 사용 능력을 키워 주제 관련 실제 상황에서 유창성을 발휘할 수 있도록 유도한다.

(2) 여러 나라의 문화 현상을 비교해 봄으로써 문화 상호주의적인 관점에서 서로 의견을 나누는 기회를 가질 수 있도록 한다.

8. 관용표현

고급 수준에서 학습할 필요가 있는 관용어, 속담, 한자성어, 의태어, 감각 표현 등을 제시하였다.

(1) 관용표현의 의미를 제시한다.

(2) 관용표현의 의미를 이해했는지 확인해 볼 수 있는 문제를 제시한다.

(3) 관용표현을 실제로 사용하여 말해 보는 기회를 제공한다.

9. 종합과제 - 보고서

보고서는 주제 선정, 목차 쓰기, 자료 검색 및 인용, 예비 발표, 서론 쓰기, 본론 쓰기, 결론 및 참고 문헌 쓰기, 초록 발표 등 총 8회에 걸쳐 단계적으로 제시하였다.

(1) 각 단계마다 필요한 학습 항목을 선정하여 교수하고 학습자가 쓴 내용은 개별 피드백 하여 보완하는 방식으로 진행하도록 구성한다.

(2) 예비 발표와 초록 발표 시간을 통해 자신의 보고서 내용을 직접 발표해 보면서 학업 수행을 체험할 수 있도록 제시한다.

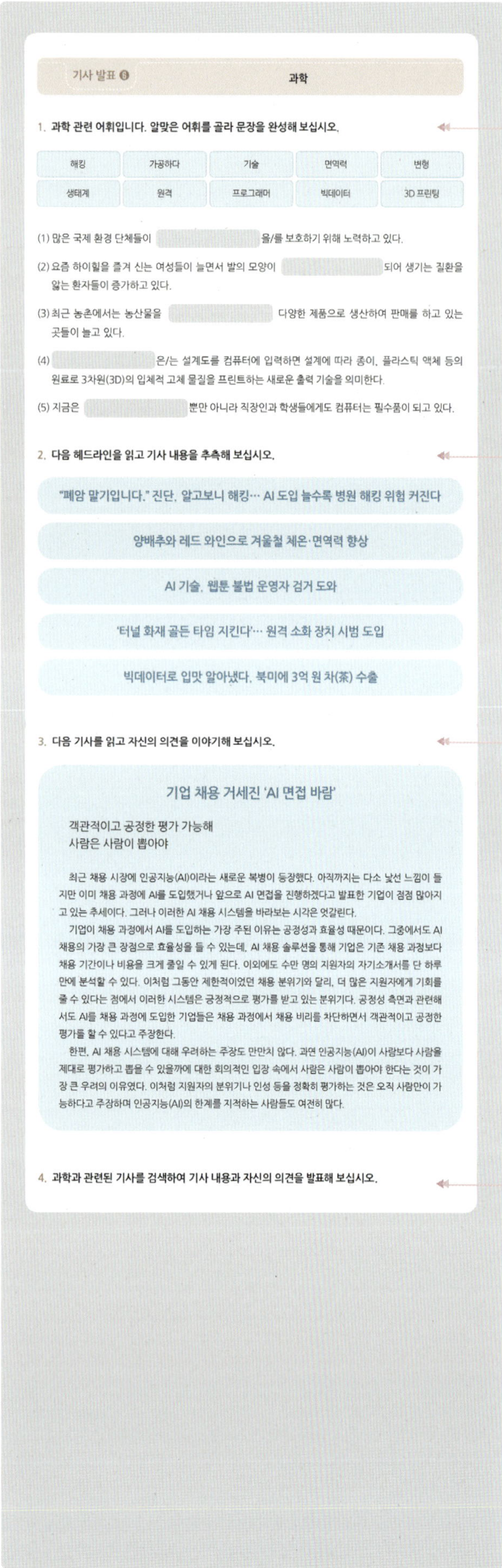

기사 발표 ❻ 과학

1. 과학 관련 어휘입니다. 알맞은 어휘를 골라 문장을 완성해 보십시오.

해킹	가공하다	기술	면역력	변형
생태계	원격	프로그래머	빅데이터	3D 프린팅

(1) 많은 국제 환경 단체들이 ＿＿＿＿ 을/를 보호하기 위해 노력하고 있다.

(2) 요즘 하이힐을 즐겨 신는 여성들이 늘면서 발의 모양이 ＿＿＿＿ 되어 생기는 질환을 앓는 환자들이 증가하고 있다.

(3) 최근 농촌에서는 농산물을 ＿＿＿＿ 다양한 제품으로 생산하여 판매를 하고 있는 곳들이 늘고 있다.

(4) ＿＿＿＿ 은/는 설계도를 컴퓨터에 입력하면 설계에 따라 종이, 플라스틱 액체 등의 원료로 3차원(3D)의 입체적 고체 물질을 프린트하는 새로운 출력 기술을 의미한다.

(5) 지금은 ＿＿＿＿ 뿐만 아니라 직장인과 학생들에게도 컴퓨터는 필수품이 되고 있다.

2. 다음 헤드라인을 읽고 기사 내용을 추측해 보십시오.

"폐암 말기입니다." 진단, 알고보니 해킹… AI 도입 늘수록 병원 해킹 위험 커진다

양배추와 레드 와인으로 겨울철 체온·면역력 향상

AI 기술, 웹툰 불법 운영자 검거 도와

'터널 화재 골든 타임 지킨다'… 원격 소화 장치 시범 도입

빅데이터로 입맛 알아냈다, 북미에 3억 원 차(茶) 수출

3. 다음 기사를 읽고 자신의 의견을 이야기해 보십시오.

기업 채용 거세진 'AI 면접 바람'

객관적이고 공정한 평가 가능해
사람은 사람이 뽑아야

최근 채용 시장에 인공지능(AI)이라는 새로운 복병이 등장했다. 아직까지는 다소 낯선 느낌이 들지만 이미 채용 과정에 AI를 도입했거나 앞으로 AI 면접을 진행하겠다고 발표한 기업이 점점 많아지고 있는 추세이다. 그러나 이러한 AI 채용 시스템을 바라보는 시각은 엇갈린다.

기업이 채용 과정에서 AI를 도입하는 가장 주된 이유는 공정성과 효율성 때문이다. 그중에서도 AI 채용의 가장 큰 장점으로 효율성을 들 수 있는데, AI 채용 솔루션을 통해 기업은 기존 채용 과정보다 채용 기간이나 비용을 크게 줄일 수 있게 된다. 이외에도 수만 명의 지원자의 자기소개서를 단 하루만에 분석할 수 있다. 이처럼 그동안 제한적이었던 채용 분위기와 달리, 더 많은 지원자에게 기회를 줄 수 있다는 점에서 이러한 시스템은 긍정적으로 평가를 받고 있는 분위기다. 공정성 측면과 관련해서도 AI를 채용 과정에 도입한 기업들은 채용 과정에서 채용 비리를 차단하면서 객관적이고 공정한 평가를 할 수 있다고 주장한다.

한편, AI 채용 시스템에 대해 우려하는 주장도 만만치 않다. 과연 인공지능(AI)이 사람보다 사람을 제대로 평가하고 뽑을 수 있을까에 대한 회의적인 입장 속에서 사람은 사람이 뽑아야 한다는 것이 가장 큰 우려의 이유였다. 이처럼 지원자의 분위기나 인성 등을 정확히 평가하는 것은 오직 사람만이 가능하다고 주장하며 인공지능(AI)의 한계를 지적하는 사람들도 여전히 많다.

4. 과학과 관련된 기사를 검색하여 기사 내용과 자신의 의견을 발표해 보십시오.

10. 종합과제 - 기사 발표

기사 발표는 생활, 정치, 사회, 문화, 환경, 과학, 경제, 국제 등 총 8회에 걸쳐 단계적으로 제시하였다.

(1) 해당 주제와 관련된 주요 어휘를 선정하여 학습한 후 헤드라인을 통해 기사 내용을 추측하여 이야기해 본 후에 시사성이 있는 기사 내용을 선정하여 찬반 토론을 할 수 있도록 한다.

(2) 해당 활동 후 학습자 자신이 직접 선정한 기사를 발표하고 토론이 이루어지도록 제시한다.

특별 수업

역사 탐방

대한민국역사박물관은 19세기 말 개항기부터 오늘날에 이르기까지 국민들의 헌신과 노력으로 고난과 역경을 딛고 발전한 대한민국의 역사를 기록하여 후세에 전승하고, 국민들의 자긍심과 염원을 모아 미래의 희망을 이야기하는 역사 문화 공간이다.

대한민국역사박물관은 대한민국의 역사를 함축하는 국가 상징 거리에 위치하며 주변의 다른 역사 문화 시설로 쉽게 이동할 수 있는 문화 중심축에 자리잡고 있어, '문화적 쉼'과 '역사와의 대화'가 가능한 소통의 공간이다.

대한민국역사박물관은 경제기획원, 문화체육관광부 등 주요 정부 청사로 사용되었던 건물의 역사성과 상징성을 살리고, 친환경 자재와 에너지 절감 기술을 사용하여 리모델링한 녹색 문화 시설이다.

– 대한민국역사박물관 홈페이지 –

대한민국역사박물관
National Museum of Korean Contemporary History

대한민국의 태동
(1876년~1948년)
자주적 근대 국가의 꿈과 노력, 국권 회복을 위해 희생한 선열들의 숭고한 정신

자주적 근대 국가의 꿈과 좌절	대한민국 임시정부와 독립운동	1945년 8·15 광복
조선은 문호 개방 이후 근대적 개혁을 통해 자주 국권을 지키려고 하였으나 결국 일본에 의해 국권을 빼앗기게 되었다. 이러한 상황에도 대한제국의 선포와 의병 전쟁, 애국계몽운동 등의 방식으로 자주적 근대 국가의 꿈을 포기하지 않았다.	1910년 한·일 병합 조약 체결로 국권을 빼앗긴 후, 독립운동이 지속적으로 전개되었다. 3·1 운동으로 한국인의 독립 의지를 세계에 널리 알리면서 일본의 식민지 통치에 조직적으로 항거하고 독립운동을 주도하기 위하여 대한민국 임시정부를 수립하였다.	한국은 1945년 8월 15일 일본이 연합국에 항복하면서 광복을 맞이하였다. 그러나 미국과 소련의 냉전 체제가 시작되면서 미국과 소련이 한반도를 분할 점령하였다. 강대국들의 신탁 통치에 대한 좌익과 우익의 의견 차이로 통일 정부 수립은 어려워졌다.

대한민국의 기초 확립
(1948년~1961년)
전쟁의 폐허 속에서도 희망을 잃지 않고 근대 국가의 토대를 구축한 불굴의 의지

대한민국 정부 수립	6·25 전쟁과 전후 복구	근대 국가 토대 구축
미소 냉전 체제하에서 좌우의 대립으로 혼란스러운 상황 속에서 유엔총회가 남북 자유총선거를 결의하였으나, 소련의 반대로 남한에서만 단독으로 총선거가 실시되었다. 1948년 5월 10일에 이루어진 최초의 민주적 선거를 통해 초대 국회가 구성되고 헌법이 제정되었으며, 대통령이 선출되어 대한민국 정부가 수립되었다.	북한의 기습 남침으로 야기된 6·25 전쟁은 국토의 상당 부분이 일시적으로나마 공산군의 지배하에 들어가는 수난을 가져왔다. 우리 국민은 최선을 다해 국가를 지켜냈으나 전쟁 뒤에 남은 것은 막대한 인명 피해와 폐허가 된 국토였다. 그러나 전쟁의 폐허 속에서도 우리 국민의 강인한 의지와 노력으로 좌절을 딛고 일어섰다.	6·25 전쟁 이후는 국제 사회의 원조를 받아 생활했던 매우 어려운 시기였지만, 정부는 해외 원조를 기반으로 경제의 기틀을 마련하고, 의무교육을 통해 인재를 육성하였다. 또한 시민과 학생의 힘으로 독재 정권을 무너뜨린 4·19 혁명은 이후 대한민국 민주화의 토대가 되었다. 그러나 4·19 혁명으로 탄생한 제2 공화국은 5·16 군사정변으로 막을 내렸다.

11. 특별 수업

특별 수업은 총 2회 진행되는데 각 과와 종합 과제에서 다루지 않은 현장 체험 수업으로 구성하였다.

전시 내용을 미리 살펴본 후에 직접 해당 장소에 가서 전문가의 설명을 들으며 관람하거나 해당 기관의 홈페이지 자료를 활용하여 진행한다.

12. 부록

통합 활동의 듣기 지문 및 모범 답안, 어휘 목록인 찾아보기를 수록하여 자기 주도적 학습에 도움이 되도록 하였다.

Contents ● 차례

함께 배워요
한국어
6B

함께 배워요

한국어 6A

교재 구성표

주제	단원	제목	소단원	도입	어휘	말하기
문학	1과	선인들의 지혜	01 02	기억에 남는 옛날이야기	단어와 표현	옛날이야기
	2과	나무를 심은 사람	01 02	훌륭한 인격을 가진 사람	단어와 표현	인생 그래프
종합과제 1				보고서 ❶ 주제 선정		
언어	3과	말의 힘	01 02	가장 듣고 싶은 말	단어와 표현	듣기 좋은 말과 듣기 싫은 말
	4과	인간관계와 호칭	01 02	다양한 호칭어	단어와 표현	상황에 따른 호칭어
종합과제 2				보고서 ❷ 목차 쓰기		
사회	5과	끝없는 도전	01 02	특별한 도전	단어와 표현	도전과 역경
	6과	직업과 인생	01 02	드라마에 자주 등장하는 직업	단어와 표현	직업에 대한 설문 조사
종합과제 3				보고서 ❸ 자료 검색, 인용		
예술	7과	색채의 신비	01 02	색과 느낌	단어와 표현	생활 속의 색
	8과	명화 속 이야기	01 02	묘사	단어와 표현	명화 속 인물 묘사
종합과제 4				보고서 ❹ 예비 발표		
특별 수업				미술관 산책		

확장하기	통합 활동	관용표현
접사 ①	**읽기** 오성과 한음, 한석봉과 어머니 **강의 듣기 ❶** 컬러테라피	**관용표현 ❶**: 의태어 뒤죽박죽, 투덜투덜, 허둥지둥, 헐렁헐렁, 힐끗힐끗
접사 ②	**읽기** 『나무를 심은 사람』 서평 **작문 ❶** 서평	**관용표현 ❷**: 속담 길고 짧은 건 대 봐야 안다, 뛰는 놈 위에 나는 놈 있다, 사공이 많으면 배가 산으로 간다, 산 넘어 산이다, 천 리 길도 한 걸음부터다
기사 발표 ❶ 생활		
말과 관련된 관용표현	**읽기** 칭찬의 중요성 **강의 듣기 ❷** 뇌과학 마케팅	**관용표현 ❸**: 관용어 가슴을 치다, 고개를 들다, 무릎을 치다, 코웃음을 치다, 혀를 차다
관계에 따른 호칭어	**읽기** 호칭어 사용과 관련된 사례 **작문 ❷** 설명문	**관용표현 ❹**: 한자성어 금상첨화(錦上添花), 부전자전(父傳子傳), 설상가상(雪上加霜), 속수무책(束手無策), 이구동성(異口同聲)
기사 발표 ❷ 정치		
도전과 관련된 표현	**읽기** 도전에 성공한 인물 **강의 듣기 ❸** 프로파일링	**관용표현 ❺**: 관용어 머리를 긁적이다, 목에 힘을 주다, 발을 (동동) 구르다, 배를 잡다, 입술을 깨물다
한국 표준 직업 분류에 따른 직업과 기본 자질	**읽기** 직업 관련 상담 **작문 ❸** 논설문	**관용표현 ❻**: 한자성어 구사일생(九死一生), 금시초문(今時初聞), 대동소이(大同小異), 유비무환(有備無患), 자포자기(自暴自棄)
기사 발표 ❸ 사회		
색과 관련된 관용표현	**읽기** 신비한 색채의 세계 **강의 듣기 ❹** 민간요법	**관용표현 ❼**: 관용어 강 건너 불 보듯하다, 뚜껑을 열어 보다, 미역국을 먹다, 벽에 부딪히다, 색안경을 끼고 보다
묘사에 관련된 어휘	**읽기** 〈네덜란드 속담〉, 〈파적도〉 **작문 ❹** 감상문	**관용표현 ❽**: 한자성어 기고만장(氣高萬丈), 노심초사(勞心焦思), 독불장군(獨不將軍), 솔선수범(率先垂範), 적반하장(賊反荷杖)
기사 발표 ❹ 문화 · 연예		

주제	단원	제목	소단원	도입	어휘	말하기
생활 과학	9과	언어생활과 동물	01	동물의 상징적 의미	단어와 표현	동물의 이미지와 한국의 12지(支)
			02			
	10과	동물 생태 탐구	01	동물들의 특징	단어와 표현	동물과 관련된 표현
			02			
종합과제 5				보고서 ❺		
				서론		
의학	11과	수면과 건강	01	건강한 수면	단어와 표현	자신의 수면 습관
			02			
	12과	뇌와 생활 습관	01	뇌 활동과 생활 습관	단어와 표현	뇌 활성에 도움이 되는 활동
			02			
종합과제 6				보고서 ❻		
				본론		
경제	13과	백화점과 소비 심리	01	광고와 상품	단어와 표현	쇼핑 습관과 취향
			02			
	14과	생활 속의 광고	01	공익 광고와 상업 광고	단어와 표현	광고의 메시지
			02			
종합과제 7				보고서 ❼		
				결론, 참고 문헌		
문화	15과	세계의 축제	01	세계의 유명한 축제	단어와 표현	각 나라의 대표적인 축제
			02			
	16과	세계 문화유산	01	세계 유적지	단어와 표현	세계 문화유산
			02			
종합과제 8				보고서 ❽		
				초록 발표		
특별 수업				역사 탐방		

확장하기	통합 활동	관용표현
동물 관련 관용표현	**읽기** 한국어에 담긴 동물의 의미 **요약하기 ❶**	**관용표현 ❾**: 감각 표현 까칠까칠, 따끔따끔, 미끌미끌, 바삭바삭, 쫄깃쫄깃, 화끈화끈
동물 분류 및 생태와 관련된 어휘	**읽기** 까마귀과 조류의 생태 **고전 문학** 〈홍길동전〉, 〈심청전〉	**관용표현 ❿**: 관용어 귀가 찢어질 듯하다, 날개 돋친 듯이 팔리다, 눈 녹듯이 사라지다, 발등에 불이 떨어지다, 씻은 듯이 낫다
	기사 발표 ❺ 환경	
수면과 관련된 어휘와 불면증 자가 진단	**읽기** 수면과 건강 **요약하기 ❷**	**관용표현 ⓫**: 관용어 깨가 쏟아지다, 다람쥐 쳇바퀴 돌듯 하다, 물불을 가리지 않다, 보는 눈이 있다, 사서 고생을 하다
감각과 영양에 관련된 어휘	**읽기** 뇌 발달 **현대 문학** 〈사랑손님과 어머니〉, 〈메밀꽃 필 무렵〉	**관용표현 ⓬**: 한자성어 노발대발(怒發大發), 다재다능(多才多能), 동병상련(同病相憐), 이심전심(以心傳心), 정정당당(正正堂堂)
	기사 발표 ❻ 과학	
상품 구입과 관련된 표현	**읽기** 백화점의 판매 전략 **요약하기 ❸**	**관용표현 ⓭**: 관용어 돈방석에 앉다, 두 손 두 발 다 들다, 배가 등에 붙다, 상다리가 부러지다, 손가락을 빨다
제품 사용 설명서와 관련된 어휘	**읽기** 광고 유형 **영화 ❶** 〈국제시장〉	**관용표현 ⓮**: 한자성어 고진감래(苦盡甘來), 당연지사(當然之事), 명실상부(名實相符), 승승장구(乘勝長驅), 천신만고(千辛萬苦)
	기사 발표 ❼ 경제	
국경일과 기념일	**읽기** 새해맞이 축제 **요약하기 ❹**	**관용표현 ⓯**: 관용어 꿔다 놓은 보릿자루, 눈엣가시, 물과 기름, 빙산의 일각, 옥에 티
문화유산 발굴 및 보존과 관련된 어휘	**읽기** 세계 문화유산 **영화 ❷** 시대상을 반영한 영화	**관용표현 ⓰**: 한자성어 대기만성(大器晩成), 사면초가(四面楚歌), 전화위복(轉禍爲福), 차일피일(此日彼日), 학수고대(鶴首苦待)
	기사 발표 ❽ 국제	

9과

언어생활과 동물

01

도 입

1. 빈칸에 어울리는 동물은 무엇이라고 생각합니까? 왜 그렇게 생각하는지 이야기해 보십시오.

(1) 흔히 남자는 ______(이)라고 하고 여자는 ______(이)라고 한다.

(2) 새해에는 ______처럼 게으른 성격을 고치고 ______처럼 부지런해지기로 결심했다.

(3) 부모님께서는 ______처럼 늘 다정하신데 우리 남매는 만나기만 하면 ______와/과 ______처럼 싸운다.

2. 다음 대화를 읽고 빈칸에 들어갈 알맞은 동물을 찾아 연결해 보십시오.

(1)  •

(2)  •

(3)  •

(4)  •

(5)  •

(6)  •

• 가
엄마 방이 왜 이렇게 지저분하니? 안 쓰는 물건은 치우고 청소 좀 해. 꼭 ______우리 같네.
딸 네, 숙제만 끝내고 바로 치울게요.

• 나
친구 1 너 정말 그 일을 하겠다는 거야?
친구 2 이미 하기로 마음을 먹었으니까 그렇게 알고 날 좀 도와줘.
친구 3 아무튼 그 ______고집을 누가 꺾겠어.

• 다
손자 할머니, 이거 할머니 드리려고 만들었어요.
할머니 우리 ______, 잘 만들었네!

• 라
친구 1 우리 선생님은 숙제를 안 해 오면 교실 밖에서 숙제를 다 할 때까지 못 들어오게 하셔.
친구 2 정말? ______처럼 무서운 분이시네.

• 마
누나 방에서 뭐 하니?
동생 깜짝 놀랐잖아!
누나 숨기는 거라도 있어? 왜 놀란 ______ 눈을 하고 그래?

• 바
친구 1 어제 테니스를 치다가 바지가 찢어졌어.
친구 2 사람들 있는 데서?
친구 1 응, 그때 정말 ______ 구멍에라도 숨고 싶었어. 생각만 해도 창피해 죽겠어.

어 휘

★ 다음 어휘 또는 표현의 의미를 알아보고 아래 문장을 완성해 보십시오.

연상	정서	번창하다	어리석다	드물다
보잘것없다	대수롭다	온순하다	미련하다	난처하다

1. 요즘 명절 때가 아니면 한국 전통 의상인 한복을 입을 기회가 ________

2. 일을 해서 돈을 벌려고 하지 않고 복권에 당첨되기만을 바라는 것은 정말 ________ (으)ㄴ/는 생각이다.

3. 친구는 적은 돈으로 어렵게 사업을 시작했지만 사업이 나날이 ________ 아서/어서 많은 돈을 모을 수 있었다.

4. 올여름 거리에서는 운동선수의 유니폼을 ________ 시키는 스포츠 룩이 크게 유행할 것으로 보인다.

5. 폭력적인 영화나 드라마는 청소년들의 ________ 에 부정적인 영향을 끼칠 수 있다.

6. 아프면 약을 먹거나 병원에 가야 하는데 그 남자는 아무리 아파도 ________ 게 그냥 참는다.

7. 감기인 줄 알고 ________ 지 않게 여기고 내버려 뒀더니 결국 병이 악화돼서 입원했다.

8. 그 선물은 비록 보기에는 작고 ________ 아/어 보이지만 그 속에 담긴 정성과 사랑만큼은 그 어떤 선물에도 뒤지지 않는다.

9. 나는 두 사람 사이에서 누구의 의견에 따라야 할지 너무 ________

10. 내 친구는 성격이 워낙 ________ 아서/어서 작은 일에 화를 내거나 짜증을 내는 법이 없다.

읽 기

★ **다음은 '한국어에 담긴 동물의 의미'에 대한 글입니다. 다음을 읽고 질문에 답해 보십시오.**

우리가 자주 사용하는 표현 중에는 동물과 관련된 것들이 많이 있는데 이런 표현들은 저마다 고유한 의미를 지니고 있다. 그리고 같은 동물이라 하더라도 문화에 따라 그 의미가 같을 수도 있고 다를 수도 있다. 따라서 동물이 상징하는 의미를 통해 언어를 사용하는 사람들의 정서와 사고방식을 엿볼 수 있다. 다양한 표현을 통해, 한국어에 자주 등장하는 동물들과 그 동물에 담긴 상징적 의미가 무엇인지 살펴보기로 하자.

돼지꿈을 꾸었다고 하면 흔히 복권을 떠올리는데, 이것은 돼지가 재물을 가져다주는 동물이라고 생각해 왔기 때문이다. 그래서 1970년대에는 가게나 집안에서 어미 돼지가 새끼 돼지들에게 젖을 먹이는 그림을 자주 볼 수 있었다. 돼지가 새끼를 많이 낳는 것처럼 사업이 번창하거나 재물이 많이 모이기를 바라는 마음에서 걸어 놓은 것이었다. 돼지 모양의 저금통이 많은 것도 그와 마찬가지라고 볼 수 있다.

한편 돼지는 지저분함과 어리석음을 상징하기도 한다. 더럽고 지저분한 곳을 '돼지우리' 같다고 말하는 것은 돼지들이 우리에서 뒹굴며 살아가는 모습을 연상시키기 때문이다. 그리고 아무리 좋은 물건이라도 가치를 모르는 사람에게는 소용없다는 의미에서 '돼지에 진주 목걸이'라는 표현을 쓰기도 한다.

개만큼 한국어에 자주 등장하는 동물도 드물다. 개는 똑똑하고 사람을 잘 따라서 오래전부터 사람들과 함께 생활하면서 사랑을 받아 온 동물이다. 그래서 어리고 귀여운 아들딸이나 손주를 가리켜서 '우리 강아지'라고 부르기도 한다.

그러나 주위에서 쉽게 볼 수 있는 동물이어서 그런지 보잘것없고 대수롭지 않게 여기는 동물 역시 개이다. 그래서 특별한 의미가 없고 별로 중요하지 않은 꿈을 흔히 '개꿈'이라고 한다. 또한 예나 지금이나 단어 앞에 '개-'가 붙은 말은 부정적인 의미로 쓰이는 경우가 많기 때문에 이런 단어를 사용할 때는 특히 주의를 기울여야 한다.

소는 힘이 세고 온순한 성격을 가져 농경을 기반으로 살아온 사람들에게 큰 도움을 주었다. 그래서 힘든 농사일을 열심히 돕는 소의 믿음직스러운 모습과 연관시켜 '소처럼 일한다'고 하는데 이 말은 보통 한 가지 일을 성실하게 하는 모습을 가리킬 때 쓰인다.

그러나 소는 민첩하지 못하여 행동이 느리기 때문에 미련해 보이기도 한다. 이런 모습을 연상하여, 가르치고 말해도 소용이 없거나 알아듣지 못할 때 '소귀에 경 읽기'라고 한다. 또 주인이 아무리 끌어도 소가 움직이지 않고 버틸 때처럼 자신의 고집을 꺾지 않는 사람을 가리켜 '소고집'이라고 한다.

쥐는 한국어에서 약한 존재를 상징하는데, 특히 쥐와 고양이를 대비한 표현들이 이러한 의미를 더욱 분명하게 보여 준다. 쥐와 고양이의 관계를 나타내는 표현으로 '고양이 앞에 쥐', '고양이 쥐 생각' 등이 있다. '고양이 앞에 쥐'는 강자 앞에서 꼼짝 못하는 약자의 모습을 뜻하고, '고양이 쥐 생각'은 속으로는 해칠 마음이 있으면서 겉으로는 위해주는 척하는 것을 의미한다.

이뿐만 아니라 쥐는 작은 것을 상징하기도 한다. 적은 월급을 받았을 때 '쥐꼬리'만 한 월급을 받았다고 하고, 부끄럽거나 난처한 상황에 처해서 어디든 숨고 싶은 심정을 표현할 때 '쥐구멍'에라도 숨고 싶다고 말한다. '쥐구멍'은 몸을 숨길 만한 최소한의 장소를 비유적으로 이르는 말이다.

1. 위의 글을 바탕으로 다음을 완성해 보십시오.

언어에는 동물과 관련된 표현들이 있는데 그 동물에는 각각 ________ 의미가 있다. 이 의미는 ________ 에 따라 같기도 하고 다르기도 하다. 따라서 동물에 담긴 상징적 의미를 알면 사람들의 ________ 와/과 ________ 을/를 알 수 있다.

2. 1970년대 가게나 집안에서 돼지 그림을 흔히 볼 수 있었던 이유는 무엇입니까?

3. 단어 앞에 '개-'가 붙은 말을 쓸 때 주의를 기울여야 하는 이유는 무엇입니까?

4. 위의 글에서 알 수 있는, 쥐가 상징하는 의미 두 가지는 무엇입니까?

5. 빈칸에 들어갈 알맞은 표현과 그에 맞는 의미나 상황을 찾아서 표를 완성해 보십시오.

	표현	의미 또는 상황
(1)	돼지에 진주 목걸이	
(2)		특별한 의미가 없고 별로 중요하지 않은 꿈
(3)		가르치고 말해도 소용이 없거나 알아듣지 못할 때
(4)	고양이 쥐 생각	

관용표현 9

감각 표현	의미
까칠까칠	피부나 털의 표면이 윤기가 없고 매우 거칠다.
따끔따끔	찔리거나 꼬집히는 것처럼 자꾸 아프다.
미끌미끌	비눗물을 만질 때처럼 매우 미끄럽다.
바삭바삭	물기가 없이 말라서 잘 부서지는 소리가 나다.
쫄깃쫄깃	고기를 씹을 때처럼 탄력이 있다.
화끈화끈	뜨거운 기운을 받아 얼굴이나 몸이 뜨거워지다.

1. 다음 상황과 관련 있는 감각 표현을 말해 보십시오.

(1) 이틀 동안 면도를 안 했더니 수염이 나서 만지면 거친 느낌이 든다.

(2) 찹쌀떡은 찰기가 있고 탄력이 많아서 잘 씹어 먹어야 돼요.

(3) 여러 사람 앞에서 넘어졌어요. 정말 창피해서 얼굴이 빨갛게 달아오르고 등에서 땀이 났어요.

(4) 강에서 손으로 물고기를 잡았는데 너무 미끄러워서 그만 놓치고 말았어요.

(5) 뛰어오다가 넘어져서 무릎을 다쳤는데 약을 바르니까 너무 아프다.

(6) 이 과자는 금방 구워서 그런지 맛도 맛이지만 씹을 때의 소리와 먹는 느낌도 너무 좋다.

2. 감각 표현을 사용하여 대화를 완성해 보십시오.

(1) **가** 모자를 안 쓰고 하루 종일 돌아다녔더니 얼굴이 너무 ________

나 그러니까 이렇게 햇볕이 강한 날에는 꼭 모자나 양산을 써야 돼.

(2) **가** 맛있는 튀김을 만들고 싶은데 어떻게 하면 되는지 모르겠어.

나 얼음물로 튀김옷을 만들면 ________ 튀김을 만들 수 있어.

(3) **가** 어디가 아파서 오셨죠?

나 눈에 뭐가 들어갔는지 ________ 자꾸 눈물이 나요.

(4) **가** 어제 샤워하러 욕실에 들어가다가 하마터면 넘어질 뻔했어요.

나 욕실을 사용한 후에 청소를 제대로 하지 않으면 바닥이 ________ 위험해요. 그래도 안 다쳐서 다행이네요.

(5) **가** 요즘 날씨가 건조해서 그런지 피부가 너무 ________

나 자기 전에 크림을 많이 바르고 자면 좀 괜찮아진대. 너도 한번 해 봐.

(6) **가** 주변에 떡볶이 집이 많은데 왜 매번 이 집에만 오는 거야?

나 다른 곳에서 파는 떡볶이는 좀 단단한 편인데 여기 떡볶이는 당일 만든 떡으로 요리해서 더 ________ 맛있거든.

3. 배운 표현을 사용해서 대화 또는 짧은 이야기를 만들어 보십시오.

말하기

1. 다음 동물의 이름은 무엇입니까? 이 동물을 많이 볼 수 있는 나라나 장소는 어디입니까? 동물을 보면 떠오르는 표현이나 이미지에 대해 이야기해 보십시오.

(1)

(2)

(3)

(4)

(5)

(6)

(7)

(8)

(9)

(10)

용감하다	의리가 있다	게으르다	교활하다	똑똑하다
멍청하다	온순하다	모성애가 강하다	나약하다	부지런하다

2. 다음은 한국의 12지(支)에 해당하는 동물입니다. 다음에 대해 이야기해 보십시오.

(1) 올해의 띠 동물은 12지 중 무엇입니까? 여러분의 띠는 무엇입니까?

(2) 띠와 관련된 성격이나 떠오르는 이미지에 대해 이야기해 보십시오.

(3) 띠와 관련된 속설이나 설화에 대해 이야기해 보십시오.

(4) 여러분 문화에도 12지와 비슷한 문화가 있습니까? 한국의 12지 문화와 어떤 차이가 있습니까?

확장하기

1. 다음 표현을 읽고 그 의미를 추측해 보십시오.

• 쥐 죽은 듯 • 쥐도 새도 모르게 • 쥐구멍에도 볕 들 날 있다.	• 고양이와 개 • 고양이한테 생선을 맡기다 • 얌전한 고양이가 부뚜막에 먼저 올라간다.	• 소 닭 보듯 • 닭살이 돋다 • 닭 잡아먹고 오리발 내민다.

2. 빈칸에 들어갈 알맞은 상황을 만들어서 문장을 완성해 보십시오.

(1) ______ 자 ______ 이/가 쥐 죽은 듯이 조용해졌다.

(2) 쥐도 새도 모르게 ______ 이/가 사라져서 당황한 적이 있다.

(3) 쥐구멍에도 볕 들 날 있다고 ______

(4) ______ 와/과 ______ 은/는 개와 고양이 같다.

(5) ______ (으)ㄴ/는 행동은 고양이에게 생선을 맡기는 것과 같다.

(6) 얌전한 고양이가 부뚜막에 먼저 올라간다더니 ______

(7) ______ 을/를 볼 때 소 닭 보듯 한다.

(8) ______ 닭살이 돋는다.

(9) ______ 오리발 내민 적이 있다.

3. 위의 표현을 활용해서 보기 와 같이 대화를 만들어 보십시오.

보기

가 조금 전까지 학생들이 떠드는 소리가 들리더니 갑자기 쥐 죽은 듯이 조용해졌네요.
나 방금 선생님들이 교실로 들어가셨거든요.

가 ______

나 ______

가 ______

나 ______

요약하기 ❶

1. 정의

요약하기란 글의 주제 및 핵심 내용을 중심으로 간략하게 정리하는 것이다.

2. 단락 요약하기

(1) 선택하기

문단의 핵심어나 중심 내용이 분명하게 드러난 문장을 선택한다.

보기

하루카는 머리가 좋다. ~~한 번 보거나 들은 것은 계속 기억한다. 문제가 발생했을 때 가장 좋은 방법을 찾아 해결할 수 있다.~~

➡ 하루카는 머리가 좋다.

연습

개는 똑똑하고 주인을 잘 따른다. 발소리만 듣고도 주인임을 안다. 주인의 생각이 어떤지 안다. 주인의 곁을 끝까지 지킨다.

⬇

(2) 삭제하기

주제와 관련이 없거나 반복되는 표현 또는 핵심이 아닌 표현을 지운다.

보기

아이들이 가방을 들고 있다. ~~아이들이~~ 학교에 간다.

➡ 아이들이 가방을 들고 학교에 간다.

연습

이동의 패턴은 크게 세 가지로 나눌 수 있다. 매년 휴가철 관광을 위해 떠나는 주기적 이동과 매일 통근이나 통학을 위해 이동하는 반복적 이동, 주거지를 다른 곳으로 옮기는 장기적 이동으로 나눌 수 있다.

⬇

(3) 일반화하기

구체적인 정보를 나타내는 단어가 여러 개일 경우 그 단어들을 포함하는 표현으로 묶어 준다.

보기

민수는 수영을 좋아한다. 달리기도 좋아한다. 평소에 농구와 배구도 즐겨 하는 편이다.

➡ 민수는 운동을 좋아한다.

연습

그 정치인은 주말마다 가족과 박물관에 가거나 전시회에 가서 다양한 작품들을 보는 것을 선호한다. 아무리 바빠도 주말에는 가족과 함께 영화관이나 콘서트 장에 가서 시간을 보내려고 한다.

⬇

(4) 재구성하기

중심 내용이 분명하게 나타나 있는 문장이 없다면 주요 내용을 바탕으로 중심 내용이 되는 문장을 새로 만든다.

보기

친구들이 케이크에 촛불을 켜고 생일 축하 노래를 불렀다. 생일을 축하해 주기 위해 모인 친구들이 꽃과 선물을 주면서 환한 표정으로 나에게 생일을 축하한다고 말했다.

➡ 친구들이 생일 축하 파티를 해 주었다.

연습

수업 종이 울리기 전, 우리는 국어 교과서를 꺼내서 책상 위에 올려놓았다. 공책을 펼쳤다. 필통에서 연필과 지우개를 꺼내고 선생님을 기다렸다.

⬇

3. 요약문 쓰기 연습

길 고양이 때문에 생활의 불편함을 호소하는 사람들이 적지 않다. 매년 기르던 고양이를 유기하는 무책임한 사람들과 고양이의 번식력으로 인해 길 고양이 수는 매년 크게 증가하고 있다. 게다가 불쌍하다면서 길 고양이들에게 먹이를 주는 '캣맘'들이 있어서 개체 수는 더욱 급격히 증가하는 추세다. 길 고양이들은 우선 번식기가 되면 크게 우는 소리를 내서 한밤중에 사람들의 수면을 방해한다. 특히 아파트 저층에 사는 사람들은 고양이 우는 소리가 크게 들려서 잠을 설친다고 한다. 또한 길 고양이들은 먹이를 구할 수가 없어서 음식물 쓰레기를 뒤지는데 여름철이 되면 음식이 더 부패하기 때문에 위생에도 문제가 생길 수 있다. 게다가 길 고양이들은 사회 문제를 야기하기도 한다. 고양이들이 많아지자 고양이를 괴롭히고 학대하는 사람들까지 생겨난 것이다.

이렇게 갈등이 커지자 이에 대한 대책 마련으로 서울시에서는 길 고양이 중성화 수술을 실시하기로 했다. 중성화 수술은 길 고양이를 포획해서 더 이상 번식하지 못하도록 수술하는 것이다. 그러나 여전히 동물 보호론자들은 이마저도 반대하고 있다. 중성화 수술을 했다는 표시로 고양이의 귀 일부를 자르는데 이는 동물 학대라는 것이다. 또 얼마 전 중성화 수술을 받은 길 고양이들이 떼로 죽는 일이 발생했다. 동물 병원에서는 수의사 자격이 없는 간호사가 급하게 수술을 진행한 탓이라고 해명했으나 중성화 수술 자체가 고양이들에게 치명적이라는 의견도 만만치 않다.

10과

동물 생태 탐구

도 입

1. 다음 설명에 해당하는 동물을 찾아 쓰고 왜 그렇게 생각하는지 이야기해 보십시오.

치타	낙타	펭귄	고래	사자
벌	개미	물고기	새	코알라

(1) ________ 의 등에 난 구멍은 코의 역할을 하는 곳이다.

(2) ________ 은/는 날기 위해 몸무게가 가벼워야 하므로 다른 동물들과는 달리 뼈의 속이 비어 있다.

(3) ________ 은/는 암컷이 알을 낳으면 수컷이 알을 품고, 암컷은 먹이를 구하러 바다로 떠난다.

(4) ________ 은/는 하루 중 20시간을 자고 4시간을 먹는 데 쓴다.

(5) ________ 은/는 눈꺼풀이 없어서 눈을 감고 잘 수 없기 때문에 눈을 뜨고 잔다.

(6) ________ 은/는 자기 몸무게의 최대 50배만큼의 물체를 들 수 있다.

(7) ________ 의 등에는 지방이 들어 있는데 에너지가 필요할 때 이 지방을 쓴다.

(8) ________ 은/는 엉덩이를 흔들며 '8' 자 모양의 춤을 추어 동료들에게 꽃이 있는 곳까지의 거리와 방향을 알려 준다.

(9) ________ 의 경우 사냥을 해서 먹이를 구해 오는 것은 수컷이 아니라 암컷이다.

(10) ________ 은/는 시속 80~120km의 속력을 낼 수 있을 정도로 매우 빠르다.

2. 보기 의 동물 중 가장 영리할 것 같은 동물과 가장 지능이 떨어질 것 같은 동물을 골라 보고 왜 그렇게 생각하는지 이야기해 보십시오.

보기

원숭이	돌고래	문어	까마귀	침팬지
사자	개	고양이	오랑우탄	닭

어 휘

★ **다음 어휘 또는 표현의 의미를 알아보고 아래 문장을 완성해 보십시오.**

습성	부패하다	알맹이	빼앗기다	멀찌감치
순진하다	영리하다	방지	제거하다	경계하다

1. 어렸을 때 가을이 되면 친구들과 뒷산에 올라가서 떨어진 밤들을 주워 가시가 있는 껍질을 조심스럽게 까서 ______ 을/를 구워 먹었던 기억이 난다.
2. 닭은 젖은 곳을 싫어하는 ______ 이/가 있다.
3. 여름에는 음식물이 쉽게 ______ 아서/어서 식중독을 일으킬 수 있으므로 조심해야 한다.
4. 말다툼을 한 후 두 사람은 서로 보기 싫어서 ______ 떨어져서 걸었다.
5. 동물의 세계에서는 늘 힘이 약한 동물이 힘이 센 동물에게 먹이를 ______ 게 마련이다.

6. 우리집 개는 무척 ______ 아서/어서 사람 말을 웬만큼 알아듣는다.
7. 고양이는 낯선 사람을 ______ 아서/어서 모르는 사람이 나타나면 눈에 잘 띄지 않는 곳으로 재빨리 숨어 버린다.
8. 그 노인은 어린아이처럼 ______ 아서/어서 그의 맑은 눈 앞에서는 어떤 거짓말도 할 수 없다.
9. 그런 사고가 다시 일어나지 않게 무언가 특별한 ______ 대책을 마련해야 한다.
10. 생선 요리 후 냄새를 ______ 기 위해 부엌에 촛불을 켜 두었다.

읽기

★ 다음은 '까마귓과 조류의 생태'에 관한 글입니다. 읽고 질문에 답해 보십시오.

일부 사람들은 새가 머리가 나쁘고 멍청한 동물이라는 편견을 가지고 있다. 그러나 새들은 도구를 사용하고 인간의 언어를 흉내 내며 숫자를 셀 수도 있고 심지어 거짓말까지 할 수 있다고 한다. 특히 까마귓과의 새들은 기억력이 좋은 것으로 알려져 있다.

까마귀는 먹이를 숨겨 두었다가 배가 고플 때 찾아서 먹는 습성이 있는데 먹이를 숨긴 장소를 기억할 뿐만 아니라 숨긴 시기와 먹이 종류까지도 기억한다. 예를 들어 애벌레와 땅콩을 숨겨 두었을 때 숨겨 둔 시간이 얼마 지나지 않은 경우에는 애벌레를 먼저 찾아 먹고, 시간이 많이 지난 경우에는 땅콩을 먹는다. 애벌레는 쉽게 부패하기 때문에 빨리 찾아서 먹어야 하지만 땅콩은 시간이 많이 지난 후에 먹어도 괜찮기 때문이다.

까마귀는 도구를 사용하기도 한다. 예를 들면 나무 구멍 속에 들어 있는 애벌레를 먹을 때 가느다란 막대기를 사용해서 꺼내 먹는다. 호두와 같은 껍질이 딱딱한 견과류를 먹을 때는 아스팔트 도로나 자동차를 활용하는데 높은 곳에서 아스팔트 위로 호두를 떨어뜨리거나 차가 지나갈 때 호두가 차 바퀴에 깔리게 해서 알맹이를 빼 먹는다.

이처럼 영리한 까마귀도 때로는 숨겨 둔 먹이를 빼앗기기도 한다. 먹이를 숨길 때 다른 까마귀가 멀찌감치 떨어진 곳에서 이를 봐 두었다가 몰래 훔쳐 먹기 때문이다. 그러나 한 번 먹이를 빼앗긴 까마귀는 더 이상 순진하게 당하지 않는다. 다른 까마귀가 자신의 행동을 보고 있다고 판단되면 먹이를 숨겨 둔 곳이 아닌 다른 곳을 파는 척해서 상대를 헷갈리게 한다.

까마귓과인 까치는 자신을 위협하는 것이나 사람을 정확하게 기억하고 구별할 수 있다. 까치는 때로 나무가 아닌 전신주 위에 둥지를 짓기도 하는데 이로 인해 정전이 자주 일어난다. 정전 사고 방지를 위해 전기 회사에서는 까치 둥지를 제거하는 작업을 하는데 전기 회사의 차가 오는 것이 보이면 까치는 멀리에서도 알아보고 놀라 도망간다. 모 대학교 연구팀에서 까치의 기억력을 실험해 보기 위해 한 학생에게 여러 까치집에서 까치 새끼들을 훔쳐 오게 하였다. 이후 까치들은 그 학생이 둥지 근처에 나타날 때마다 경계하는 소리를 내며 따라다녔다. 옷을 바꿔 입어도 소용이 없었다. 또 다른 학생에게 똑같이 옷을 입혀 같이 지나가게 해도 자신의 새끼를 가져간 학생의 얼굴을 기억해 내고 그 학생만 공격을 하기도 했다.

동물들은 거울에 비친 자신의 모습을 보면서 자신인지 몰라보고 경계하거나 공격적으로 행동하는 경우가 많다. 그러나 까치는 거울 속 자신의 모습을 알아보고 거울에 비친 모습을 보면서 몸에 붙어 있는 이물질을 떼어 내기도 한다.

한국인은 머리 나쁜 사람을 새에 비유하기도 하고 잊어버리기를 잘하는 사람에게 '까마귀 고기를 먹었나?'라고 말하기도 한다. 그러나 이처럼 영리한 새들에게 이런 표현들이 과연 맞는 것인지 다시 한번 생각하게 된다.

1. 위의 글을 바탕으로 다음 문장을 완성해 보십시오.

새들은 ________ 을/를 이용할 줄 알고 ________ 을/를 따라할 수 있으며 ________ 은/는 것이 가능하고, 심지어 거짓말까지도 할 수 있다고 한다.

2. 까마귀가 애벌레를 먼저 먹고 땅콩을 나중에 먹는 이유는 무엇입니까?

3. 까마귀가 견과류를 먹는 방법을 설명해 보십시오.

4. 까치가 기억력이 좋다는 것을 어떻게 알 수 있습니까?

5. 한국 사람들은 잘 잊어버리는 사람에게 어떠한 표현을 사용합니까?

6. 위의 글을 읽고 다음 내용이 맞으면 O, 틀리면 X 하십시오

(1) 까마귀는 먹이를 저장해 두는 습성이 있다. ( )
(2) 까마귀는 도구를 사용해 구멍 속의 먹이를 꺼내 먹는다. ( )
(3) 까마귀는 다른 까마귀를 속이기도 한다. ( )
(4) 까치는 사람의 옷을 기억하고 똑같은 옷을 입으면 같은 사람이라고 여긴다. ( )
(5) 까치는 거울에 비친 자신의 모습을 보고 공격적인 행동을 하기도 한다. ( )

관용표현 ⑩

관용어	의미
귀가 찢어질 듯하다	소리가 아주 크다.
날개 돋친 듯이 팔리다	인기가 있어 빠른 속도로 팔리다.
눈 녹듯이 사라지다	눈이 녹는 것처럼 완전히 없어지다.
발등에 불이 떨어지다	급한 일이 갑자기 닥치다.
씻은 듯이 낫다	물로 씻은 것처럼 병이 완전히 낫다.

1. 다음 상황과 관련 있는 관용어를 말해 보십시오.

(1) 2년 동안 짝사랑하던 사람에게 지난주에 고백을 했는데 오늘 사귀자는 연락을 받았다. 너무 기뻐서 그동안의 마음고생도 모두 잊어버렸다.

(2) 새 휴대폰이 출시되자 너도나도 그 제품을 사려고 몰려들어 세 시간 만에 판매가 끝났다.

(3) 2주 뒤인 줄 알았던 시험이 다음 주라는 걸 알게 된 민희는 마음이 급해져서 당장 책을 펼쳤다.

(4) 말기 암 판정을 받은 성남은 산속에 살면서 5년간 건강한 생활을 한 끝에 완치되었다.

(5) 로켓 발사 현장에서는 발사 시의 굉음이 굉장하기 때문에 귀를 막아야 한다.

2. 관용어를 넣어서 다음을 완성해 보십시오.

(1) 놀이공원에서 아이가 들고 있던 풍선이 내 얼굴 옆에서 터졌다. 갑자기 큰 소리가 나서 ______

(2) 여름이 되자 바다나 계곡으로 놀러 가는 사람들이 늘고 있다. 그래서 수영복, 물안경과 같은 물놀이 용품들이 ______고 있다.

(3) G 사에서 40개 국어를 동시통역해 주는 이어폰을 출시하자 경쟁사는 ______ 관련 기술 개발을 급히 서두르고 있다.

(4) 오랫동안 감기가 낫지 않고 계속 기침이 나와서 고생을 하고 있었다. 그런데 할머니께서 배와 꿀을 넣고 끓인 물을 주셔서 이틀 동안 마셨더니 ______ 기침이 멈췄다.

(5) 잃어버린 줄로만 알았던 아들을 다시 찾은 어머니는 그동안의 고통이 아들을 보는 순간 ______

3. 배운 표현을 사용해서 대화 또는 짧은 이야기를 만들어 보십시오.

말하기

1. 다음을 읽고 생각나는 동물에 대하여 이야기해 보십시오.

(1) 날개가 있지만 날지 못하는 동물
(2) 큰 동물과 작은 동물
(3) 겨울 내내 겨울잠을 자는 동물
(4) 수컷과 암컷이 다르게 생긴 동물
(5) 느린 동물과 빠른 동물
(6) 사나울 것 같은 동물과 온순할 것 같은 동물
(7) 다리가 많은 동물과 없는 동물
(8) 털이 많은 동물과 적은 동물

2. 다음의 의미를 추측해 보고 왜 그렇게 생각하는지 이야기해 보십시오.

3. 다음 문장에 어울리는 표현을 2번에서 골라 써 보십시오.

(1) 우리는 동창. 나는 무조건 네 편이야. ➔
(2) 차가 너무 막혀서 속도를 낼 수가 없어요. ➔
(3) 냄새만으로 술 종류를 구별할 수 있다는 말이야? ➔
(4) 불편한 자세로 잤더니 허리가 아파요. ➔
(5) 난 전기세가 50만 원이나 나왔는데 너는 겨우 만 원이라고? ➔
(6) 너무 말랐어. 특히 저 허리를 좀 봐. ➔

4. 다음에 대해 이야기해 보십시오.

(1) 여러분이 좋아하는 동물은 무엇이고 그 이유는 무엇입니까?
(2) 최근에는 사람들이 뱀이나 쥐 등 다양한 반려동물들을 집에서 키우는 현상이 늘고 있습니다. 이러한 현상의 원인은 무엇이고 여러분은 이에 대해 어떻게 생각하는지 이야기해 봅시다.
(3) 동물과 사람 사이도 사람과 사람 사이처럼 감정을 교류하는 것이 가능하다고 생각합니까?

확장하기

- 초식 동물, 육식 동물, 잡식 동물
- 어류, 양서류, 파충류, 조류, 포유류

- 새끼, 어미

- 우리, 둥지

- 부리, 지느러미, 뿔

1. 다음 괄호 안의 어휘 중 맞는 것을 골라 보십시오.

(1) 개구리와 같이 물에서도 활동하고 땅에서도 활동하는 동물을 (파충류/양서류)라고 한다.

(2) 고래는 물속에서 생활하지만 새끼를 낳고 젖을 먹여 키우는 (어류/포유류)에 속한다.

(3) 고기를 먹는 (초식 동물/육식 동물)에 비해 나뭇잎, 풀, 과일 등을 먹는 (초식 동물/육식 동물)은 성격이 온순한 편인데 코끼리가 여기에 속한다.

(4) 강아지, 송아지, 망아지 등은 동물의 (어미/새끼/수컷/암컷)을/를 가리키는 말이다.

(5) 동물을 가두어 기르는 곳을 (우리/둥지)라고 하고 새가 알을 낳거나 사는 곳을 (우리/둥지)라고 한다.

(6) 도마뱀은 위험에 처하면 (꼬리/뿔)을/를 자르고 도망가는데 얼마 후 자른 (꼬리/뿔)은/는 다시 자란다.

(7) (부리/지느러미)는 주로 어류에서 볼 수 있는데 몸의 균형을 유지하고 이동할 수 있게 해 주는 역할을 하며 등, 배, 가슴, 꼬리 등에 있다.

2. 다음 동물들은 어류, 양서류, 파충류, 조류, 포유류 중 어디에 속할까요? 그 이유와 함께 이야기해 보십시오.

- 악어
- 거북

- 박쥐
- 펭귄

고전 문학 〈홍길동전〉

★ 준비하기

1. **여러분이 알고 있는 영웅과 그 사람이 한 일에 대해 이야기해 보십시오.**

2. **다음 어휘의 의미를 알아보십시오.**

주먹을 쥐다	무릎을 꿇다	서자
벼슬	동에 번쩍, 서에 번쩍	안절부절못하다

★ 작품 읽기

가 그래서 홍길동은 백성들을 위한 도둑이 되기로 결심하고 '활빈당'을 만들었다. '활빈당'은 백성을 괴롭히는 못된 도둑과 관리들을 찾아가 벌을 주고 돈을 빼앗아 가난한 백성들에게 나누어 주었다. 백성들이 고통받는 곳이라면 홍길동이 가 동에 번쩍, 서에 번쩍 나타나 도와주었다. 어느새 온 나라에 홍길동을 모르는 사람이 없을 정도가 되었다. 백성들은 힘들 때마다 홍길동이 나타나기를 기다렸다.

"조금만 참아 봐. 홍길동이 나타나 도와줄 거야."

백성들은 홍길동이 자신들을 구해 줄 영웅이라고 생각했다.

"홍길동이야말로 왕이 돼야 해."

나 홍길동은 태어날 때부터 뛰어난 힘과 다양한 재주가 있었지만, 서자로 태어나 능력을 인정받지 못했다. 아버지인 홍 판서[1]를 아버지라고 부를 수도 없었다. 그러던 어느 날, 홍길동은 더 이상 참을 수가 없었다. 입술을 깨물며 주먹을 꼭 쥐고 홍 판서에게 물었다.

"저는 왜 아버지를 아버지라고 부르지도 못하고 형을 형이라고 부르지 못합니까?"

홍 판서는 화가 난 표정으로 홍길동을 혼냈다.

"이 놈! 네 아버지가 어디에 있느냐? 형은 또 어디에 있고!"

홍 판서의 말에 홍길동은 원망 가득한 눈빛으로 말했다.

1 조선 시대의 높은 관직 중 하나로 지금의 장관과 같은 역할을 수행했다.

"아버지 없이 태어나는 자식이 있습니까?"
홍 판서는 아무 말도 하지 못했다. 멀리서 안절부절 못하던 홍길동의 어머니가 다가와 홍길동을 끌고 갔다.
"대감께 버릇없이 뭐하는 짓이야!"

다 갈 곳이 없어 망설이고 있을 때 도둑들이 홍길동에게 싸움을 걸어 왔다. 도둑들은 힘 한번 써 보지 못하고 싸움을 잘하는 홍길동에게 무릎을 꿇고 말았다. 도둑들은 곧바로 홍길동을 대장으로 모시기로 했다. 그날부터 홍길동은 도둑들을 이끌었지만, 도둑질로 다른 사람을 괴롭힐 수는 없다고 생각했다.

라 그 후 홍길동은 자신을 따르는 사람들을 데리고 나라 밖에 있는 섬으로 갔다.
"홍길동이라면 믿고 떠나야지. 나는 떠나겠어."
나라 밖 먼 곳에 율도국이라는 섬나라가 있었는데, 그곳은 백성을 괴롭히는 관리와 도둑이 넘쳤다.

마 이런 백성들의 목소리가 커지자 왕은 걱정에 빠졌다. 영웅이 나타나 나라를 흔들면 왕의 자리를 지키기 어려울 수 있기 때문이었다. 왕은 홍길동을 자신의 신하로 만들어야겠다고 생각했다. 그래서 관리들에게 홍길동을 설득하라고 지시했다.
"홍길동이 원하는 벼슬이 무엇인지 물어 보거라."
왕은 곧 홍길동에게 사람을 보냈다. 홍길동은 왕의 제안이 어리둥절하기만 했다.
"신분이 낮은 저에게 벼슬을 주신다고요? 왕께서요?"
하지만 홍길동은 왕의 뜻을 받아들이지 않았다. 신분 제도가 있는 이 나라에서는 자기의 뜻을 이루기 어렵다고 생각했기 때문이다.

바 홍길동은 모든 것이 원망스러웠다. 첩[2]인 어머니도, 신분 제도를 이유로 자신을 인정해 주지 않는 아버지도 미웠다. 아무리 최선을 다해도 홍길동에게는 그 어떤 기회도 주어지지 않았고 힘든 날의 연속이었다. 홍길동은 새로운 인생을 살아 보기로 결심하고 집을 나왔다.

★ 내용 확인하기

1. 위의 글을 순서에 맞게 나열해 보십시오.

나 → ( ) → ( ) → 가 → ( ) → ( )

2 결혼한 남자가 본부인 외에 관계를 맺고 있는 여자를 말한다.

2. <홍길동전>을 읽고 맞으면 O, 틀리면 X 하십시오.

(1) 활빈당은 홍길동이 만든 것이다. ( )
(2) 홍길동은 왕이 준 벼슬을 거절했다. ( )
(3) 홍길동은 불운한 어린 시절을 보냈다. ( )
(4) 홍길동은 아버지의 신분을 물려받았다. ( )

3. 가와 어울리는 사자성어는 무엇입니까? ( )

① 팔방미인(八方美人)
② 사면초가(四面楚歌)
③ 다재다능(多才多能)
④ 신출귀몰(神出鬼沒)

4. 홍길동이 아버지에게 아버지라고 부르지 못한 이유는 무엇인지 말해 보십시오.

5. 라의 빈칸에 알맞은 내용을 써 보십시오.

★ 이야기 나누기

1. 활빈당의 역할에 대해 어떻게 생각하는지 자신의 생각을 이야기해 보십시오.

2. 여러분 나라에도 이와 유사한 이야기가 있는지 알아보고 이야기해 보십시오.

고전 문학 〈심청전〉

★ 준비하기

1. 여러분은 환생과 인과응보 사상을 믿는지 이야기해 보십시오.
2. 여러분은 편찮으신 부모님을 위해서 무엇을 희생할 수 있는지 말해 보십시오.
3. 다음 어휘의 의미를 알아보십시오.

봉사	부처님	사내	제물
개천	용궁	목숨을 바치다	어리둥절하다

★ 작품 읽기

옛날에 심 봉사라는 앞을 보지 못하는 남자가 있었다. 심 봉사는 심청이라는 딸이 있었다. 심청의 어머니는 심청을 낳고 곧 병으로 세상을 떠났다. 심 봉사는 혼자서 심청을 키웠다. 세월이 흘러 심청이가 심 봉사를 보살피며 살아가게 되었다.

그러던 어느 날 심 봉사는 딸을 기다리다가 딸이 오지 않자 밖으로 나갔다가 개천에 빠지게 되었다. "사람 살려!"

그때 길을 가던 스님이 심 봉사를 구해 주었다. 스님은 심 봉사가 앞을 못 보는 것을 보고는 부처님께 쌀 삼백 석[3]을 바치면 눈을 뜰 수 있다고 했다. 심 봉사는 집안 형편이 어려웠지만 눈을 뜰 수 있다는 말에 너무 기쁜 나머지 약속을 하고 말았다.

"네. 얼마든지 해 드리지요. 눈만 뜰 수 있다면 무엇이든 해야지요."

심 봉사는 스님에게 약속을 하고 집으로 돌아왔다. 하지만 집에 돌아온 심 봉사는 그 일을 생각하면 생각할수록 걱정이 됐다. 당장 먹을 쌀도 없었기 때문이다. 결국 심 봉사는 병이 나고 말았다. 심청이 걱정이 되어 이유를 물었더니 심 봉사는 스님과 있었던 일을 말해 주었다. 그 이야기를 들은 심청은 가슴이 아팠다.

그로부터 며칠 후, 마을에 낯선 사내들이 나타났다. 그 사람들은 무사히 바다를 건너기 위해서 인당수에 제물로 바칠 처녀를 구하고 있었다. 인당수[4]에 빠지면 쌀 삼백 석을 준다고 했다.

"제가 인당수에 몸을 던질 테니 쌀을 주세요."

심청은 아버지의 눈을 뜨게 해 드리기 위해 목숨을 바치기로 결심했다. 이 사실을 듣고 심 봉사는

3 쌀 삼백 석은 요즘 단위로 하면 24,000kg에 해당한다.
4 지금의 서해 바다의 한 지점을 말한다.

후회의 눈물을 흘렸다.

"네가 죽고 내가 눈을 뜨면 무슨 소용이냐. 내가 어떻게 살아!"

그렇지만 심청의 결심은 단호했다.

결국 사내들과 약속한 시간이 왔다. 심청은 눈물을 흘리며 사내들을 따라 배에 올랐다. 배가 인당수를 지날 때 파도가 심해졌다. 심청은 눈을 감고 두 손을 꼭 쥐고 인당수에 몸을 던졌다.

"이제 나는 죽는구나."

가 ______________________________

____

그때 심 봉사가 궁궐로 들어왔다. 심청은 벌떡 일어나 뛰어갔다. 심청은 아버지의 손을 꼭 잡고 안으며 말했다.

"아버지! 아버지!"

심 봉사는 어떤 여인이 이렇게 울면서 아버지라고 하니까 어리둥절했다.

"아버지! 저예요! 청이에요!"

"청아! 네가 정말 청이란 말이냐?"

그 순간 심 봉사는 눈을 뜨고 딸을 보게 되었다. 두 사람은 감격하며 서로 안고 눈물을 흘렸다. 이후 심청은 아버지와 함께 오래오래 잘 살게 되었다.

★ 내용 확인하기

1. 다음은 소설의 다섯 가지 구성 단계입니다. 아래 단계에 따라 가와 나를 완성해 보십시오.

단계		내용
발단	인물과 배경, 주인공의 성장 환경 제시	심청은 어머니를 여의고, 앞을 못 보는 아버지를 모시며 살고 있었다.
전개	구체적인 사건 시작	쌀 삼백 석을 바치면 아버지가 눈을 뜰 수 있다는 말을 듣고 심청은 고민한다.
위기	갈등 심화	쌀 삼백 석을 받기 위해 심청은 인당수에 제물이 되어 목숨을 바치기로 하고 바다에 몸을 던진다.
절정	갈등 최고조	나
결말	갈등 해소	심청은 아버지를 만나고, 심 봉사는 눈을 뜬다.

★ 이야기 나누기

1. 한국 사람들은 심청이를 효녀라고 하는데, 내가 심청이라면 어떻게 했을지 이야기해 보십시오.

2. 여러분 나라에도 심청이와 같은 효자·효녀 이야기가 있는지 소개해 보십시오.

종합과제 5

01 보고서 ❺ 서론

02 기사 발표 ❺ 환경

보고서 ❺ 서론

보고서 ❶	주제 선정	보고서 ❷	목차 쓰기
보고서 ❸	자료 검색, 인용	보고서 ❹	예비 발표
보고서 ❺	서론	보고서 ❻	본론
보고서 ❼	결론, 참고 문헌	보고서 ❽	초록 발표

★ 서론 쓰기

1. 서론의 구성

- 화제: 글을 시작할 때 독자의 관심과 흥미를 끌기 위해 독자에게 제공되는 다양한 관심거리, 일반적 상황, 인용구 등
- 과제: 글을 통해 풀고자 하는 문제 혹은 글에서 다루고자 하는 문제
- 연구의 필요성 및 목적

서론의 예

최근 몇 년 동안 중국 영화 시장 규모는 빠르게 확대되고 있다. **조사 결과에 의하면** 〈표 1〉에 제시된 바와 같이 중국 영화 박스오피스의 수입이 2000년 8.6억 원에서 2015년에는 400억 원으로 증가한 것으로 나타났다.	화제로 시작 조사 결과 인용
중국 영화에서 새로운 장을 열기 시작한 작품은 2002년 장예모 감독의 〈영웅〉이라고 할 수 있다. 장예모 감독은 중국에서 '국사'라고 불리는데 그 이유는 중국 사람들이 평가하는 가장 훌륭한 감독일 뿐만 아니라 시각 예술 분야에서 최고 전문가이기 때문이다. 시각 예술에 대한 장예모 감독의 천재성을 그의 영화에서 볼 수 있다. 영화는 화면을 통해 스토리를 이야기하는 예술 장르이다. 또한 **색채**는 영화 화면에서 중요한 부분을 차지하기 때문에 화면의 색채 표현은 영화에 큰 영향을 줄 수 있다. 색채를 통해 미적 측면을 증대시킬 수 있을 뿐만 아니라 더 나아가 **상징성**도 표현할 수 있는 것이다. 장예모 감독의 천재성을 알아보기 위해서는 그가 영화에서 보여 주는 색채와 그 상징성을 이해하는 것이 필수적이다.	과제 및 개념에 대해 설명 연구의 필요성 제시
따라서 본 보고서에서는 시각 예술의 대명사인 장예모 감독의 영화를 중심으로 영화 속 색채 상징성**에 대해 살펴보고자 한다.** (부재헌)	연구 목적 제시

2. 서론에서 자주 사용하는 표현

	표현
현황	최근 -고 있다, -고 있는 실정이다, -는 추세이다
원인	-(으)로 인해, - 때문이다, -(으)로 인한 것이다
요인·변수	-에 영향을 미친다, -에 따라 달라진다
문제점	-기가 어렵다, -이/가 우려된다, -(으)ㄹ 위기에 처하다
필요성	-을/를 위해서는 -아야/어야 한다
연구 목적	본고에서는 -에 대해서 알아보고자 한다/ -에 대해 살펴보겠다

3. 서론 쓰기 연습

보기

한·중 커피 시장 발전 과정 분석 및 성공 전략 연구

1. 서론

2. 한국 커피 시장 분석
   2.1. 한국 커피 시장의 현황 및 규모
   2.2. 커피 전문점의 도입과 발전 과정

3. 중국 커피 시장 분석
   3.1. 중국 커피 시장의 현황 및 규모
   3.2. 커피 전문점의 도입과 발전 과정

4. 한·중 커피 시장의 비교 및 성공 전략
   4.1. 한국 커피 시장 성공 전략
   4.2. 중국 커피 시장 성공 전략

5. 결론

참고 문헌

최근 몇 년 동안 커피를 선호하는 사람들이 전 세계적으로 점점 많아지고 있다. 미국이나 유럽 등의 전통적인 커피 소비국뿐만 아니라 한국을 비롯한 일본, 중국 등 아시아 국가들의 커피 소비량도 나날이 증가하고 있다.

한국 사람들은 1년 동안 커피를 얼마나 마실까? 한국 관세청과 커피 업계 등의 조사에 따르면 2017년 한국 국내 커피 시장 규모는 약 11조 7,397억 5천만 원으로, 처음으로 10조 원을 넘어선 것으로 나타났다.

중국의 경우를 살펴보면, 중국은 차 문화 속에서 커피가 서서히 발전해 갔다. 중국에서 차(茶, tea)는 중요한 위치를 차지하고 있으며 일상생활에서 빼놓을 수 없는 음료이다. 그러나 사회생활과 소비문화의 발전에 따라 사람들의 선호도가 변하면서 커피 문화가 새롭게 들어서기 시작했다. 1999년에 스타벅스가 중국 베이징에 첫 전문점을 연 후에 대규모로 커피 시장이 발전되었다고 볼 수 있다. 중국 커피 정보 업체인 카먼(咖门)에 따르면 2017년 중국의 커피 시장 규모는 700억 원에 도달했다.

이러한 내용을 바탕으로 본 보고서에서는 한국과 중국 커피 시장의 발전 과정 및 성공 전략에 대해 살펴보고자 한다.

(손가위)

연습

기사 발표 ❺ 환경

1. 환경 관련 어휘입니다. 알맞은 어휘를 골라 문장을 완성해 보십시오.

환경 호르몬	원전	온실가스	멸종	텀블러
에코백	기상이변	화석 연료	재생 에너지	유전자 변형 농산물(GMO)

(1) 석탄, 석유, 천연가스와 같은 ______ 의 무분별한 사용으로 지구 대기에 이산화탄소와 같은 ______ 의 양이 증가했다. 이러한 현상은 지구의 평균 기온을 상승시켜 지구온난화를 초래했다.

(2) 최근에 환경보호 차원에서 일회용 컵 사용을 지양하고 ______ 을/를 애용하는 사용자들이 늘고 있다.

(3) 에너지 자원이 점차 고갈되어 감에 따라 태양열, 풍력, 조력과 같은 ______ 에 대한 투자와 보급이 시급한 상황이다.

(4) 학자들은 지구의 갑작스러운 기후 변화가 공룡의 ______ 을/를 초래했다고 보고 있다.

2. 다음 헤드라인을 읽고 기사 내용을 추측해 보십시오.

강풍·미세먼지 등 기상이변에 스포츠 경기 단축·취소 속출

플라스틱 물고 빠는 아이들… 몸속 환경 호르몬 성인의 2배

미래 원전 기술 개발에 지역 대학 적극 참여

유전자 변형 농산물(GMO), 안전성 논란 핵심은?

1회용 비닐봉투 대신 에코백 사용 캠페인

3. 다음 기사를 읽고 자신의 의견을 이야기해 보십시오.

태양광 시설 찬반 논란

지역 경제 활성화에 도움 될 수 있어
자연환경 훼손하고 경관 망쳐

최근 전북 지역에서 태양광 발전시설 사업이 추진됨에 따라 이에 대한 서로 다른 입장들이 팽팽하게 제기되고 있다. 먼저 환경단체의 경우 수달을 비롯한 멸종 위기 동·식물 실태 조사와 보호 대책 마련을 강력히 촉구하고 나섰다. 환경단체는 "멸종 위기에 처한 수달이 서식하는 저수지 보호 대책을 마련해야 한다."고 요구하면서 "지난 5월 민간 사업자가 추진 중이던 수상 태양광 발전 사업이 반려됐는데도 재차 사업을 신청해 멸종 위기 동·식물 서식처 파괴가 우려된다."고 지적했다. 이뿐만 아니라 태양광 발전시설 사업을 반대하는 주민들은 "태양광 발전시설이 들어서면 자연경관이 훼손되고 지반이 약해져 장마철 농작물 피해를 볼 수도 있다."며 "특히 난개발에 따른 환경 훼손, 전자파 발생, 태양광 패널 빛 반사에 의한 눈부심 등이 우려된다."고 강조하고 있다.

반면에 태양광 발전시설이 들어설 경우 땅값이 오르는 등 지역 경제 활성화에 긍정적 기대 효과가 있다는 찬성 입장도 나오고 있다. 찬성 측 주민은 "발전시설에서 생산한 전기를 팔면 주민 소득을 높일 수 있으며, 그간 정부의 부족한 전기 생산 대책에 발맞춰 태양광 시설에서 생산한 전기가 각종 산업과 농업 발전에 유용하게 쓰일 것으로 본다."고 주장하고 있다. 이처럼 일부 주민들은 태양광 시설이 경제적 수익이 가능한 데다가 환경 친화적이라는 이점까지 들면서 설치에 긍정적인 입장을 취하고 있다.

4. 환경과 관련된 기사를 검색하여 기사 내용과 자신의 의견을 발표해 보십시오.

11과

수면과 건강

도 입

1. 다음은 대한수면의학회에서 발표한 '건강한 수면 습관'에 관한 내용입니다. 여러분의 경우는 어떤지 √ 한 후에 이야기해 보십시오.

번호	생활 습관	그렇다	아니다
1	낮잠을 자지 않는다.	☐	☐
2	규칙적인 수면 습관을 갖는다.	☐	☐
3	밤에 과식을 하지 않는다.	☐	☐
4	초저녁에 과도한 운동을 하지 않는다.	☐	☐
5	잠자는 시간 외에는 누워 있지 않는다.	☐	☐
6	카페인이 들어 있는 음료, 술, 담배는 하지 않는다.	☐	☐
7	잠들기 전에 따뜻한 물로 샤워를 한다.	☐	☐
8	침실을 잠들기 편하도록 조용하고 어두운 분위기로 만든다.	☐	☐

2. 잠을 많이 자기로 유명한 동물 중 하나인 나무늘보는 하루의 3/4, 즉 18시간 정도를 잠자는 시간으로 보냅니다. 인간의 경우 보통 하루 7~8시간을 자야 한다고들 합니다. 여러분은 하루에 몇 시간 정도 잡니까? 그 시간이 적당하다고 생각합니까?

저는 하루에 보통 ＿＿＿＿＿ 시간 정도 잠을 자는데 부족하다고/적당하다고/충분하다고 생각합니다. 왜냐하면, ＿＿＿＿＿＿＿＿＿＿ 기 때문입니다.

어 휘

★ **다음 어휘 또는 표현의 의미를 알아보고 아래 문장을 완성해 보십시오.**

무리가 없다	수면을 취하다	극단적	틈틈이	지배적
타당하다	상반되다	이완시키다	건강을 해치다	확보하다

1. 일을 진행하기 전에, 각 단계별로 일을 수행하는 데 ________ 도록 먼저 철저히 확인하여야 한다.

2. 그 반에서는 책임감과 리더십이 있는 철수를 회장으로 선출하자는 의견이 ________

3. 책을 좋아해서 시간이 날 때마다 ________ 사들인 책이 벌써 천 권이 넘었다.

4. 코알라는 하루 20시간 정도 ________ (으)ㄴ/는 것으로 알려져 있습니다.

5. 여러분은 중요한 역할을 맡고 계시니 절대로 갑자기 그만둔다든지 포기한다든지 하는 ________ 선택을 하셔서는 안 됩니다.

6. 밤낮없이 일에 매달리더니 결국에는 ________ 고 말았다.

7. 자신의 의견과 ________ (으)ㄴ/는 의견도 편견 없이 듣는 것이 진정한 지도자의 자세이다.

8. 스트레칭이나 요가는 긴장된 근육을 ________ (으)ㄴ/는 효과가 있다.

9. 곧 전쟁이 일어날 거라는 소문 때문에 상점마다 식량을 미리 ________ (으)ㄴ/는 사람들로 가득했다.

10. 이번 사건의 가장 큰 피해자에게 우선적으로 보상을 해 주어야 한다는 그의 주장은 매우 ________

읽 기

★ 다음은 '수면 시간과 건강'에 관한 강연입니다. 다음을 읽고 질문에 답해 보십시오.

여러분, 안녕하십니까? "일찍 일어나는 새가 벌레를 잡는다."라는 말을 들어 보셨지요? 요즘 우리 주변에 새벽에 학원에 다니거나 출근을 일찍 하는 등 아침형 인간이 되고, 아침잠을 줄여 공부나 일을 더 하는 것 등을 마치 성공의 필수 조건처럼 여기는 사람들이 많아지고 있습니다. 그런데 수면 시간을 자신의 계획에 맞춰 조절하는 것이 바람직한 것일까요? 또 건강에는 무리가 없는 것일까요? 과연 수면 시간은 노력이나 습관 형성을 통해서 조절할 수 있는 것인지, 아니면 사람마다 적당한 수면 시간이 정해져 있기 때문에 그 시간에 맞추는 것이 좋은 것인지 살펴보고자 합니다.

여러분은 보통 하루에 몇 시간 정도를 자는 데에 쓰십니까? 그 시간이 충분하다고 생각하십니까? 아니면 부족하다고 생각하십니까? 왜 그렇게 생각하십니까? 전문가들의 말에 따르면 성인의 경우 건강을 유지하기 위하여 7~8시간 정도 수면을 취해야 한다고 합니다. 그러나 하루에 3~4시간 정도만 자고도 아무런 불편함 없이 정상 생활이 가능한 사람도 있습니다. 이렇게 5시간 미만을 자고도 일상생활에 지장이 없는 쇼트 슬리퍼(short sleeper)도 있고 신체에 별다른 이상이 없는데도 10시간 이상 자지 않으면 견디지 못하는 롱 슬리퍼(long sleeper)도 있다고 합니다.

극단적인 쇼트 슬리퍼의 예로 3시간을 잤다고 알려진 나폴레옹(1769~1821, 프랑스의 황제)과 4시간만을 잤다고 알려진 처칠(1874~1965, 영국의 정치가)을 들 수 있습니다. 그러나 나폴레옹은 낮 시간에 말을 탄 상태에서 자주 졸았다는 기록이 있고 처칠 역시 집무실에서 틈틈이 쪽잠을 잔 것으로 알려져 있습니다. 또한 밤 시간에도 일을 하기 위해 전구를 발명했다는 에디슨(1847~1931, 미국의 발명가)도 낮잠을 많이 잤다고 합니다. 이들은 모두 4시간 미만의 수면을 취한 것으로 알려져 있지만 실상은 낮잠이나 쪽잠 등으로 어느 정도 부족한 잠을 보충했던 것으로 볼 수 있습니다. 한 설문 조사에서 하루 수면 시간을 묻는 항목에 여성의 4.3%, 남성의 3.6%가 '5시간 미만'이라고 응답했다고 합니다. 그러나 이것은 낮잠이나 쪽잠 등의 수면 시간은 포함되지 않은 것이므로 실제적인 하루의 수면 시간은 이것보다 많을 가능성이 있습니다.

이렇게 본다면 수면 시간을 결정하는 지배적인 요인을 노력이나 습관 형성보다는 개인적 차이에 의한 것으로 보는 것이 더 타당해 보입니다. 어떤 사람이 5시간 미만을 자고도 전혀 피곤하지 않다면 다른 사람보다 더 많은 시간을 활용할 수 있어 좋겠지만, 어쨌든 흔한 경우는 아닙니다. 일반적인 경우 짧은 수면은 고혈압이나 심장병과 같은 질환을 유발하기도 합니다. 잠을 자는 시간은 외부 긴장으로부터 신체를 이완시키는 가장 평온한 시간인데 이 시간이 짧으면 그만큼 신체에 부담이 되어 건강을 해칠 수도 있습니다. 무리하게 수면 시간을 줄이기보다는 정상적인 일상생활의 가능 여부를 판단하여 자신의 적당한 수면 시간을 확보하고 깨어 있는 시간을 효율적으로 활용하는 것이 중요하다고 봅니다.

자, 그럼 이번에는 지금까지의 이야기와 상반되는, 자신의 노력이나 습관 형성으로 수면 시간을 조절할 수 있다는 주장을 중심으로 이야기를 나누어 봅시다.

〈이하 생략〉

1. 위의 강연 내용에 맞게 문장을 완성해 보십시오.

쇼트 슬리퍼는 ______________________ 을/를 말하고,
롱 슬리퍼는 ______________________ 을/를 말한다.

2. 위의 강연 내용과 다른 것은 무엇입니까? ( )

① 수면 시간은 개인의 노력과 습관 형성에 따라 정해지는 것이다.
② 다른 사람의 수면 습관을 무조건 따라하려는 태도는 좋지 않다.
③ 학계에서는 인간의 정상적인 수면 시간을 7~8시간으로 보는 것이 일반적이다.
④ 나폴레옹, 처칠, 에디슨의 실제 수면 시간은 알려진 것보다 많다고 볼 수 있다.

3. 수면 시간을 무리하게 줄이게 되면 어떤 결과를 가져올 수 있습니까?

4. 위의 강연 나음에 이어질 내용은 무엇입니까?

관용표현 ⑪

관용어	의미
깨가 쏟아지다	주로 남녀 사이가 몹시 아기자기하고 재미가 나다.
다람쥐 쳇바퀴 돌듯 하다	앞으로 나아가거나 변화가 없이 반복되다.
물불을 가리지 않다	장애나 위험을 무릅쓰고 닥치는 대로 행동하거나 일을 밀고 나가다.
보는 눈이 있다	사람이나 일을 평가하는 능력이 있다.
사서 고생을 하다	고생하지 않아도 될 일을 제 스스로 어렵게 만들어 고생하다.

1. 다음 상황과 관련 있는 관용어를 말해 보십시오.

(1) 네가 아니더라도 그 일을 할 사람이 많은데 괜히 하겠다고 나서서 쓸데없이 힘들게 지내는구나.

(2) 그는 돈과 권력을 얻기 위해서는 무슨 일이든지 다 하는 사람이다.

(3) 내 친구는 미술을 전공해서 어떤 그림이 좋은 그림인지 판단할 수 있다.

(4) 유학 생활을 하면 색다른 문화를 경험해 보기도 하고 다양한 나라의 친구들도 사귈 수 있어서 좋지만, 솔직히 매일 똑같이 반복되는 일상생활이 지겨울 때도 있다.

(5) 결혼하신 지 벌써 30년이 다 되어 가지만 우리 부모님은 여전히 신혼부부처럼 재미있게 사신다.

2. 관용어를 넣어서 대화를 완성해 보십시오.

(1) **가** 내 손으로 의자를 한번 만들어 보려고요.
나 왜 ________________? 요즘 싸고 좋은 의자가 얼마나 많은데요.

(2) **가** 앞집 신혼부부는 ________________게 재미있게 사는 것 같아요.
나 그렇겠지. 우리도 그때는 좋았잖아.

(3) **가** 성훈 씨는 정말 대단한 사람이에요. 다들 두려워서 말만 하고 직접 행동으로는 실천하지 못했는데 성훈 씨의 용감한 행동 덕분에 많은 사람들이 편해졌어요.
나 맞아요. 성훈 씨는 무슨 일이든지 옳다고 생각하면 ________________지 않는 성격이에요.

(4) **가** 그 친구는 재능도 많고 끼도 많은데도 계속 떨어졌었는데 이번에 드디어 오디션에 합격했대.
나 그 회사 대표가 사람 ________________

(5) **가** 오랜만이야. 요즘 어떻게 지내?
나 그냥 특별한 일 없이 ________________(으)면서 예전처럼 비슷하게 지내고 있어.

3. 배운 표현을 사용해서 대화 또는 짧은 이야기를 만들어 보십시오.

말하기

1. 자신을 '쇼트 슬리퍼'와 '롱 슬리퍼'로 가정하여 각각의 하루 생활 계획표를 만들어 보고 현재 여러분의 생활과 비교하여 이야기해 보십시오.

(1) '쇼트 슬리퍼'로 가정할 때

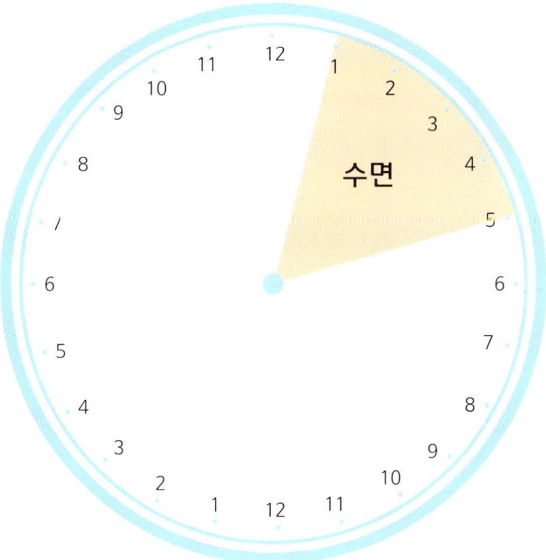

(2) '롱 슬리퍼'로 가정할 때

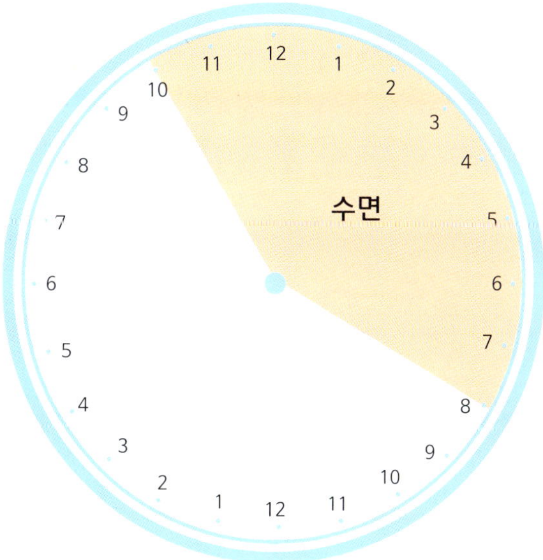

2. 다음에 대하여 함께 이야기해 보십시오.

(1) 잠을 자기 전에 꼭 하는 행동이나 습관이 있습니까? 또, 불을 켜 놓거나 음악을 틀어 놓는 등 잠자리에 들기 전에 반드시 갖추어야 할 자신만의 수면 환경이 있습니까?

(2) 가족이나 지인들을 통해 확인된 자신의 잠버릇이 있습니까? 이를 간다든지 코를 곤다든지 하는 특이한 잠버릇에 대해 이야기해 보십시오.

(3) 잠을 자면서 자주 꿈을 꾸는 편입니까? 어떤 꿈을 꾸면 기분이 좋습니까? 또, 어떤 꿈이 자고 일어났을 때 불쾌감을 줍니까?

확장하기

1. 다음 표현을 읽고 그 의미를 추측해 보십시오.

태몽, 길몽, 악몽	잠꼬대	가위눌리다
수면 장애	불면증	잠을 설치다

2. 위에서 알맞은 단어를 골라 다음을 완성해 보십시오.

(1) 밝혀지지 않고 영원히 미스터리로 남을 뻔했던 진실은 그 범인의 ________ 때문에 세상에 알려지게 되었다. 죄책감에 시달리던 범인은 잠을 자면서 자신도 모르게 자백을 한 셈이다.

(2) 대학교 입학 원서를 내고 합격자 발표가 날 때까지 단 하루도 제대로 잠을 자지 못하고 매일 밤 ________

(3) 임신을 전후해서 꾸는 특별한 꿈을 ________ (이)라고 한다. 그 내용에 따라 장차 태어날 아기에 대해 예측해 보기도 하는데, 예를 들어 보석이 꿈에 나오면 딸이고 용이 꿈에 나오면 아들이라고 예측한다.

(4) 갑자기 이상한 소리가 나서 가 보니 동생이 ________ (으)면서 내는 소리였다.

(5) ________ 은/는 건강한 수면을 취하지 못하는 것을 말하는데 인구의 약 20% 이상이 경험한 적이 있거나 앓고 있는 매우 흔한 질환이다.

(6) 잠자리에 누워도 잠을 이루기 어렵거나, 수면 중 자주 깬다거나, 예정 시간보다 아침에 일찍 일어나는 등의 증상을 가리켜 ________ (이)라고 한다.

3. **다음은 '불면증 자가 진단'을 위한 질문입니다. 여러분의 경우는 어떠한지 위에서 배운 표현을 사용하여 이야기해 보십시오.**

(1) 불을 끄고 나서 잠드는 데 걸리는 시간은 얼마나 됩니까?

바로 잠든다 (0점)　약간 걸린다 (1점)　꽤 걸린다 (2점)　매우 오래 걸린다 (3점)

(2) 자다가 밤에 깹니까?

아니다 (0점)　가끔 그렇다 (1점)　자주 그렇다 (2점)　심각하다 (3점)

(3) 원하는 시간보다 일찍 잠에서 깹니까?

아니다 (0점)　약간 그렇다 (1점)　상당히 그렇다 (2점)　심각하다 (3점)

(4) 총 수면 시간은 어떻다고 느낍니까?

충분하다 (0점)　약간 부족하다 (1점)　부족하다 (2점)　매우 부족하다 (3점)

(5) 수면 시간과 관계없이 전체적인 수면의 질은 어떻다고 느낍니까?

만족스럽다 (0점)　약간 만족스럽다 (1점)　불만족스럽다 (2점)　매우 불만족스럽다 (3점)

(6) 낮 동안의 컨디션은 어떻습니까?

정상이다 (0점)　약간 저조하다 (1점)　저조하다(2점)　매우 저조하다 (3점)

(7) 낮 동안의 정신적·육체적 활동 능력은 어떻습니까?

정상이다 (0점)　약간 저조하다 (1점)　저조하다(2점)　매우 저조하다 (3점)

(8) 낮에 졸린 편입니까?

전혀 안 졸린다 (0점)　약간 졸린다 (1점)　졸린다 (2점)　매우 졸린다 (3점)

('불면증 자가 진단' 6점 이상이면 상담이 필요함)

요약하기 ❷

★ 핵심어로 문장 만들기

보기

비빔밥은 외국인들에게 많이 알려진 한국의 대표적인 음식이다. 비빔밥의 특징은 비벼서 먹는 것이다. 이것을 모르는 외국인들은 야채 따로, 밥 따로 먹는데 그렇게 먹어서는 비빔밥 고유의 맛을 느낄 수 없다. 그런데 이렇게 비벼서 먹는 문화는 비단 비빔밥에만 국한되지 않는다. 그것은 다른 음식은 물론, 술을 마실 때도 나타나는데 그것이 일명 '폭탄주'이다. 언제부터인지 한국에서는 폭탄주를 마시는 것이 흔한 일이 되었는데 외국 학생들은 의견이 달랐다. 외국에서 술을 섞어 마시는 것은 술에 대한 예의가 아니라는 것이다.[1]

[핵심어] 비빔밥, 한국의 대표적인 음식, 특징, 비벼서 먹는 것, 비빔밥에만 국한되지 않는다, 폭탄주

[문장 만들기] 한국의 대표적인 음식인 비빔밥은 비벼서 먹는 것이 특징인데 이러한 문화는 비빔밥에만 국한되는 것이 아니라 폭탄주에서도 볼 수 있다.

연습

그러나 이웃나라인 중국과 일본을 보면 한국처럼 술을 섞어 마시는 문화가 없다. 먼저 중국의 마오타이 같은 백주는 고유의 향이 있고 그 향이 매우 강하기 때문에 섞어 마시기가 쉽지 않다. 아니 섞어 마시면 안 된다. 중국의 백주는 양주처럼 얼음을 넣어 마시는 것조차 생각할 수 없을 정도로 그 향이 강하다. 얼음을 넣어서 마시면 얼음이 녹았을 때 술의 향이 사라진다고 한다. 한편 일본인들이 즐겨 마시는 술은 청주인데 이것은 발효주이기 때문에 섞어 마실 수가 없다. 일본에서는 지방마다 술을 만드는 장인들이 각기 다른 청주를 만든다고 한다. 그래서 술 자체의 맛을 즐기지 않고 다른 술과 섞는 것은 장인에 대한, 또 일본 청주에 대한 예의가 아니라는 것이다.

[핵심어]

[문장 만들기]

1 요약하기 ❷에 실은 글은 최준식(2016)의 『한국인은 왜 그럴까요?』에서 발췌한 것임.

★ 문장을 연결하여 단락 만들기

보기

① 한국의 대표적인 음식인 비빔밥은 비벼서 먹는 것이 특징인데 이러한 문화는 비빔밥뿐만 아니라 폭탄주에서도 볼 수 있다.

② 이웃나라에는 한국처럼 술을 섞어 마시는 문화가 없다. 중국의 백주는 향이 강해서 섞어 마시지 않으며 일본의 청주는 발효주인데다가 섞어 마시는 것은 장인에 대한 예의가 아니다.

한국의 비빔밥은 비벼서 먹는 것이 특징으로 이러한 문화는 폭탄주에서도 볼 수 있다. **그러나** 이웃나라에는 술을 섞어 마시는 문화가 없다. 중국의 백주는 향이 강해서 **그렇고** 일본의 청주는 발효주라서 섞어 마시면 고유의 맛이 나지 않는다.

* **그러나**: 앞뒤 문장의 내용이 반대라서 사용함.
* **그렇고**: '술을 섞어 마시지 않는다'는 표현을 반복하지 않고 축약하기 위해서 사용함.

연습

① 중국에서는 술을 마실 때 상대방의 술잔에 술을 채워 주는 게 예의지만 한국에서는 상대방이 술을 다 마신 후에 따라 줘야 한다.

② 두 나라의 술 문화에 차이가 생긴 이유는 사고와 관습의 차이이다. 중국에서는 가득 차 있는 것을 좋다고 생각하기 때문에 술잔이 비지 않게 술을 따라 주는 반면에 한국에서는 제사를 지낼 때만 첨잔을 하기 때문에 첨잔은 죽은 사람에게 하는 것으로 생각해서 하지 않는다.

요약하기

한국인들이 폭탄주를 선호하는 것은 빨리 취하고 싶어서라는 말이 있다. 보통 폭탄주를 만들 때 맥주로 만드는데 맥주에 있는 탄산이 알코올 흡수를 도와줘서 빨리 취하게 한다고 한다. 한국인들이 폭탄주를 마시는 목적은 빨리 취하는 데에 있지 술의 향을 즐기는 데에는 별로 관심이 없다. 여기에는 한국인들의 '빨리빨리' 정신도 무관하지 않은 것 같다. 그저 빨리 마시고 빨리 취하고 싶은 것이다. 한국인들과 달리 일본인들은 이성을 잃을 정도로는 술을 마시지 않는다고 한다. 남에게 피해를 주지 않기 위해서 적당히 마시고 차가 끊기기 전에 집에 가는 것이다. 또 도쿄는 택시 요금이 너무 비싸서 심야에 택시를 타고 집에 가는 것은 상상도 할 수 없다고 한다. 상황이 이러하니 어차피 밤늦게까지 영업을 하는 술집도 별로 없다고 한다. 이런 이유로 일본인들은 술을 섞으면 빨리 취하기 때문에 가급적 피한다고 한다.

그러면 한국 사람들은 왜 술을 섞는 것을 좋아할까? 이것은 아마 한국의 식습관과 관계가 있을 것이다. 한국 음식을 보면 유난히 말고 섞고 싸서 먹는 것이 많다. 섞어 먹는 대표적인 예가 비빔밥이다. 쌈도 마찬가지다. 한국인들은 고기를 먹을 때 쌈에 고기와 다른 재료를 넣어서 한꺼번에 먹는 것을 당연하게 생각한다. 그러나 중국 학생들은 그렇게 먹으면 재료 하나하나의 맛이 나지 않기 때문에 고기에 대한 예의가 아니라고 생각한다. 이에 반해 한국인들은 쌈으로 싸서 먹으면 새로운 맛이 나기 때문에 훨씬 맛있다고 생각한다.

M.E.M.O

12과

뇌와 생활 습관

01

도 입

1. 인체 각 부분의 기능에 대해 이야기해 보십시오. 그중에서 가장 중요하다고 생각하는 곳과 그 이유에 대해서도 이야기해 보십시오.

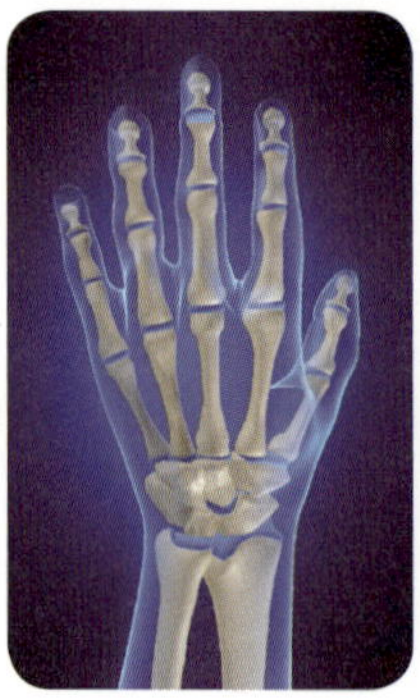
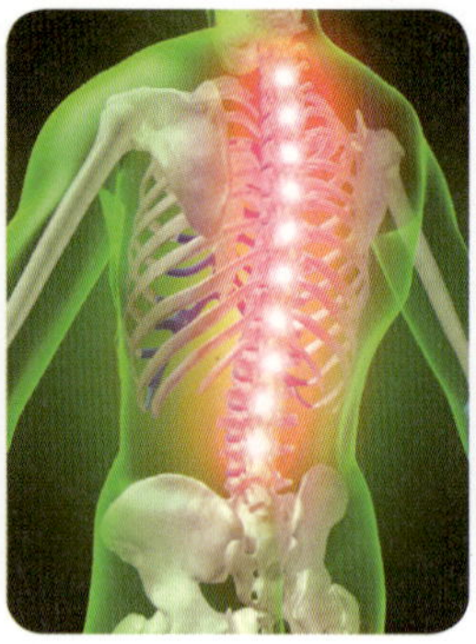
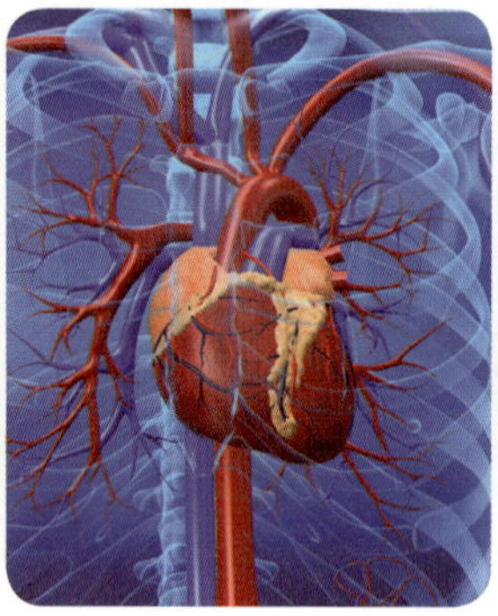
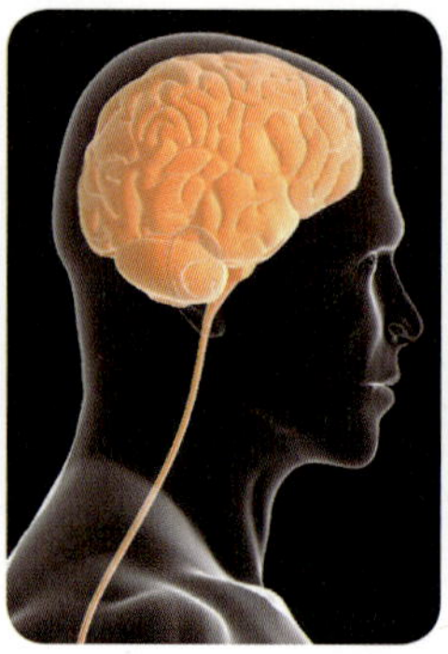
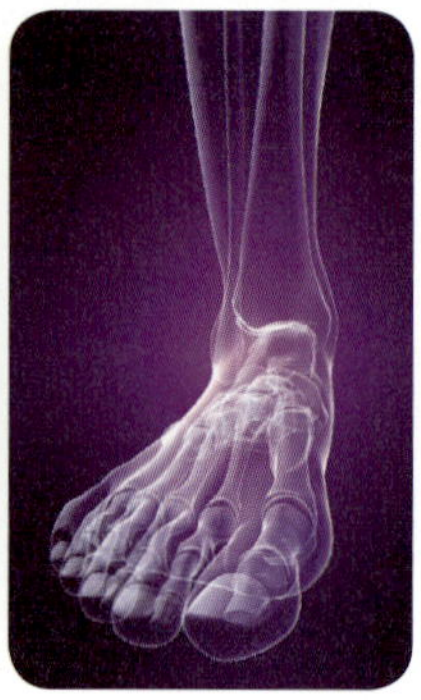

2. 인체의 특정 부분에서 어떤 기능이 뛰어날 때, 그 기능을 활용해서 특별히 잘할 수 있는 일에 대해 이야기해 보십시오.

3. 나의 평소 생활 습관을 생각해 보고 해당되는 것에 √ 하십시오.

번호	질문	√
1	아침밥을 챙겨 먹는다.	□
2	음식을 가리지 않고 잘 먹는다.	□
3	잘 웃는 편이다.	□
4	야외 활동이나 산책 등 몸을 움직이는 것을 좋아한다.	□
5	새로운 것을 배우는 것을 좋아한다.	□
6	무언가 상상하는 것을 즐긴다.	□
7	책을 읽을 때는 소리 내어 읽기도 한다.	□
8	클래식 음악을 즐겨 듣는다.	□
9	충분한 수면을 취한다.	□
10	양손을 사용한다.	□

어 휘

★ **다음 어휘 또는 표현의 의미를 알아보고 아래 문장을 완성해 보십시오.**

아침을 거르다	능률	골고루	섭취하다	활성화
짬짬이	듬뿍	저하되다	공급하다	간섭

1. 스트레스가 너무 많으면 집중력이 약해져서 일을 할 때 ______ 이/가 떨어질 확률이 높다.
2. 규칙적으로 운동을 하면 신체 기능이 ______ 되어 노화도 방지할 수 있고 암과 같은 질병도 예방할 수 있다.
3. 늦잠을 자서 서둘러 나오는 바람에 ______ 고 출근했더니 기운이 없다.
4. 건강을 위해서 고기보다는 과일이나 야채를 많이 ______ (으)ㄴ/는 것이 좋다.
5. 행사가 끝난 후 수익금은 참여한 모든 사람들이 공평하게 ______ 나누어 가졌다.

6. 다른 사람 일에 이래라저래라 지나치게 ______ 을/를 하는 것은 좋지 않다.
7. 일을 모두 마치고 허기져 들어오면 어머니께서는 밥그릇이 넘칠 정도로 밥을 ______ 담아 저녁을 준비해 놓곤 하셨다.
8. 그 선수는 교통사고를 당한 이후 한 달 사이에 상당한 정도로 체력이 ______
9. 언니는 직장 다니느라 힘든데도 ______ 공부도 하고 부모님께서 하시는 식당 일도 도와드렸다.
10. 최근 무더위가 계속되자 아이스크림을 생산하여 ______ (으)ㄴ/는 회사들이 호황을 누리고 있다.

읽 기

★ **다음은 '뇌 발달'에 대한 글입니다. 다음을 읽고 질문에 답해 보십시오.**

일반적으로 사람들은 성인이 되면 뇌의 발달이 멈춘다고 알고 있지만 인간의 뇌는 신체의 성장이 멈춘 20대 이후에도 발달을 계속한다. 뇌를 발달시키고 건강하게 유지하는 방법은 생각보다 간단하다. 그 방법을 몇 가지 알아보자.

가 아침밥을 먹자

바쁜 아침 시간. 아침을 거르기 십상이다. 그러나 아침에 허기지는 것은 위뿐만이 아니라 뇌도 마찬가지이다. 뇌가 가장 활발히 움직이는 시간인 오전에 아침밥은 뇌의 에너지가 되어 점심때까지 뇌세포에 영양을 공급하며 일과 공부의 능률을 높여 준다. 특히 탄수화물, 단백질, 지방, 비타민, 무기질 등 5대 영양소가 골고루 들어 있는 다양한 식품을 섭취하는 것이 중요하다.

나 많이 웃자

우리가 웃으면 뇌도 웃는다. 우리가 신나게 웃으면 얼굴의 근육들이 움직이고 두뇌 곳곳이 자극을 받아 활성화된다. 매일 거울을 보며 자신을 향해 웃음을 보내자. 자신에게 "잘했어.", "최고야."라는 말을 들려주며 칭찬을 하는 것도 좋다. 칭찬을 하면 기분이 좋아지고 저절로 웃게 된다. 뇌를 위한 가장 좋은 운동은 웃음이다. 하루 세 번 소리 내서 크게 웃자. 박수를 치면서 웃으면 효과는 두 배가 된다.

다 ① ______________________

단순한 육체적 움직임만으로도 두뇌는 좋아진다. 우리가 몸을 움직이기 시작하면 두뇌도 활동하기 시작한다. 시간이 있을 때마다 짬짬이 10분씩이라도 운동을 해 보자. 단순히 걷는 것도 좋은 방법이다. 자연 속에서 움직이는 것이 특히 효과가 있는데 야외에서 햇살을 듬뿍 받으면서 움직이면 머리와 몸뿐만 아니라 기분까지 상쾌해지는 것을 느낄 수 있을 것이다.

라 ② ______________________

같은 작업이나 같은 행동을 단순히 반복하다 보면 뇌 기능이 저하될 수 있다. 계속 새로운 것들을 배우고 도전하는 과정을 통해 뇌를 발달시킬 수 있다. 익숙하지 않은 일에 도전하는 것, 예를 들어 악기나 춤을 배운다든지 간단한 계산을 한다든지 퀴즈를 푸는 것도 좋다. 그것이 어렵다면 길거리의 간판이나 지하철 안의 광고를 읽는 것도 좋다. 길에서 만난 사람들의 표정을 보고 사람들의 기분을 상상해 보는 것도 좋다. 인간의 뇌는 학문적인 공부만이 아니라 경험, 사고, 행동을 통해서도 활성화된다.

마 청각을 자극하자

소리 내어 글을 읽는 낭독은 청각을 자극하여 뇌 활동에 영향을 준다. 하루에 5분씩 한 달 동안 꾸준히 낭독을 하는 것만으로도 기억력을 향상시키는 데 크게 효과가 있다. 음악 역시 청각을 자극해 학습이나 기억력에 도움을 줄 수 있다. 그러나 책을 읽는 것과 같이 언어와 관련된 작업을 할 때 가사가 있는 음악을 들으면 간섭 현상을 일으켜 방해가 될 수 있다. 따라서 공부를 하거나 책을 읽을 때는 가사가 없는 클래식 음악을 듣는 것이 좋다.

바 ❸ ______________________________

그림을 그리거나 글씨를 쓸 때, 가위나 칼을 사용할 때, 밥을 먹을 때, 공을 던질 때 자신이 주로 어느 쪽 손을 쓰는지 생각해 보자. 평소에 잘 사용하지 않던 손을 사용하면 뇌가 활성화된다. 당신이 오른손잡이라면 왼손으로 가위바위보를 하는 것도 좋다. 또한 양손으로 서로 다른 동작을 하거나 다른 도형을 그려서 왼손과 오른손을 따로 움직이는 것도 두뇌 활동에 도움이 된다.

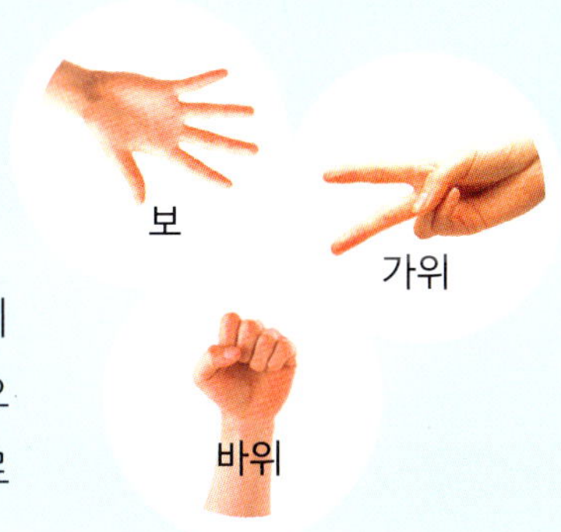

사 ❹ ______________________________

잘 자야 뇌도 정상적으로 능력을 발휘할 수 있다. 잠을 줄이고 밤새 공부하는 것이 효과가 있을까? 사실 잠을 충분히 잘 자는 것이 공부에 더 도움이 된다. 피곤하거나 졸릴 때는 집중력과 기억력이 떨어지므로 수면을 취해서 뇌를 쉴 수 있게 해야 한다. 잠을 잘 자면 문제 해결 능력과 학습 능력이 향상된다. 하루 15~20분 정도의 낮잠을 자는 것도 도움이 된다.

1. 보기 에서 알맞은 제목을 골라 빈칸 ❶~❹에 써넣으십시오.

보기		
충분한 수면을 취하자	명상을 하자	양손을 사용하자
바쁘게 살자	새로운 일에 도전하자	몸을 움직이자

2. 위의 글을 읽고 다음 내용이 맞으면 O, 틀리면 X 하십시오.

(1) 뇌는 성인이 될 때까지만 발달하고 그 이후에는 발달을 멈춘다. ( )
(2) 영양소가 풍부하게 들어간 아침 식사를 하는 것이 좋다. ( )
(3) 자주 웃거나 자신을 칭찬하는 것도 뇌에 긍정적인 영향을 준다. ( )
(4) 그냥 걷기만 하는 것은 뇌 운동에 별로 도움이 되지 않는다. ( )
(5) 익숙한 일을 하는 것보다 새로운 것을 배우는 것이 뇌에 도움이 된다. ( )
(6) 소리를 내서 글을 읽으면 집중이 안 되고 기억력도 떨어진다. ( )
(7) 무슨 음악이든 음악을 들으며 공부를 하는 것은 공부에 방해가 된다. ( )
(8) 건강한 뇌를 유지하기 위해 낮잠을 자는 것도 좋은 방법이다. ( )
(9) 뇌를 자꾸 움직여야지 조금이라도 쉬게 해서는 안 된다. ( )
(10) 평소에 잘 사용하지 않던 손을 갑자기 사용하면 뇌는 스트레스를 받는다. ( )

관용표현 ⑫

한자성어	의미
노발대발(怒發大發)	몹시 화가 나서 마구 화를 내다.
다재다능(多才多能)	재주가 많고 능력이 뛰어나다.
동병상련(同病相憐)	어려운 처지에 있는 사람끼리 서로 동정하고 도와주다.
이심전심(以心傳心)	굳이 말하지 않아도 서로 마음이 잘 통하다.
정정당당(正正堂堂)	태도가 올바르고 떳떳하다.

1. 다음 상황과 관련 있는 한자성어를 말해 보십시오.

(1) 스포츠 정신이란 반칙하지 않고 규칙을 잘 지키며 승부를 겨루는 것을 말한다.

(2) 내가 한마디 의논도 없이 유학을 가겠다는 결정을 내려서 아버지는 불같이 화를 내셨다.

(3) 민수는 철수가 대학 등록금이 없어 이번 학기에 휴학한다는 것을 알았다. 그래서 민수는 과거의 자신과 처지가 비슷한 철수를 도와줄 방법을 찾고 있다.

(4) 요즘 아이돌 가수들은 노래는 물론 춤과 연기에도 뛰어난 실력을 보여 주고 있다.

(5) 오랫동안 부부가 함께 살다 보면 말하지 않아도 서로의 마음을 알 수 있는 법이다.

2. 한자성어를 넣어서 다음을 완성해 보십시오.

(1) 나와 스티븐은 10년 된 친구이다. 우리는 눈빛만 봐도 서로 무슨 생각을 하는지, 무슨 고민이 있는지 ______________(으)로 안다.

(2) 이번 올림픽에서 쉬운 팀을 만나기 위해 예선에서 최선을 다하지 않고 일부러 지려고 한 팀이 많은 비난을 받고 있다. 이처럼 ______________하지 못한 경기를 한다면 운동선수로서의 자격이 없다고 할 수 있다.

(3) 영화배우 B 씨는 연기력이 뛰어나기로 유명한데 연기 외에도 여러 가지 재능을 가지고 있다. 작년에는 가수 활동을 시작했고 최근에는 영화감독으로 데뷔하면서 ______________한 모습을 보여 주고 있다.

(4) 항공사 측은 항공 운항이 지연된 것에 대해 고객들에게 한마디 해명도 하지 않았다. 공항에서 무작정 기다려야 하는 고객들은 항공사의 이런 태도에 ______________

(5) 학교를 오가는 길에 자주 보는 길 고양이가 있는데 어느 날 다리를 다쳐서 절뚝거리는 것을 보았다. 지금의 나처럼 다리를 다친 길 고양이의 모습을 보니까 ______________이/가 느껴졌다.

3. 배운 표현을 사용해서 대화 또는 짧은 이야기를 만들어 보십시오.

말하기

1. 다음에 대해 이야기해 보십시오.

(1) 지능지수 검사(IQ TEST)를 받아 본 경험이 있습니까? 이 검사를 어느 정도 신뢰합니까? 검사 결과가 여러분에게 어떤 영향을 미쳤습니까?

(2) 과학기술이 발달할수록 인간은 점점 뇌를 사용하지 않게 될 거라는 우려의 목소리가 있습니다. 이와 관련된 예를 들어보고 어떻게 극복할 수 있을지 이야기해 봅시다.

2. 다음에 대해 이야기해 보십시오.

(1) 주인공이 기억상실증이나 치매 등에 걸린 드라마나 영화를 본 적이 있습니까? 드라마나 영화 속에서 어떤 특별한 사건들이 등장했습니까?

(2) 중요한 일을 까맣게 잊어버려서 곤란했던 적이 있습니까? 잊어버리지 않기 위한 혹은 건망증을 극복하기 위한 좋은 생활 습관이나 방법에는 어떤 것이 있을까요?

(3) 인간이 만약 어느 것도 잊어버리지 않고 모든 것을 기억할 수 있다면 어떤 점이 좋고 어떤 점이 불편할까요?

3. 2~3명이 한 팀이 되어 다음 지시에 따라 게임을 해 보십시오.

(1) 가위바위보 게임을 하면서 상대방이 외치는 것과 다른 것을 내 보십시오. 예를 들어 상대방이 가위를 외치면 바위나 보를 내면 됩니다.

(2) 상대방의 지시에 따라 왼손과 오른손으로 각각 다른 도형을 그려 보십시오.

△	□	○	◇
세모	네모	동그라미	마름모

(3) 상대방이 내는 간단한 수학 문제를 풀어 보십시오.

+	-	×	÷
더하기	빼기	곱하기	나누기

(4) 끝말잇기 게임을 해 보십시오.

한국**어** – 어린**이** – 이**사** – 사과 ···

확장하기

1. 다음은 감각과 영양에 관한 단어들입니다.

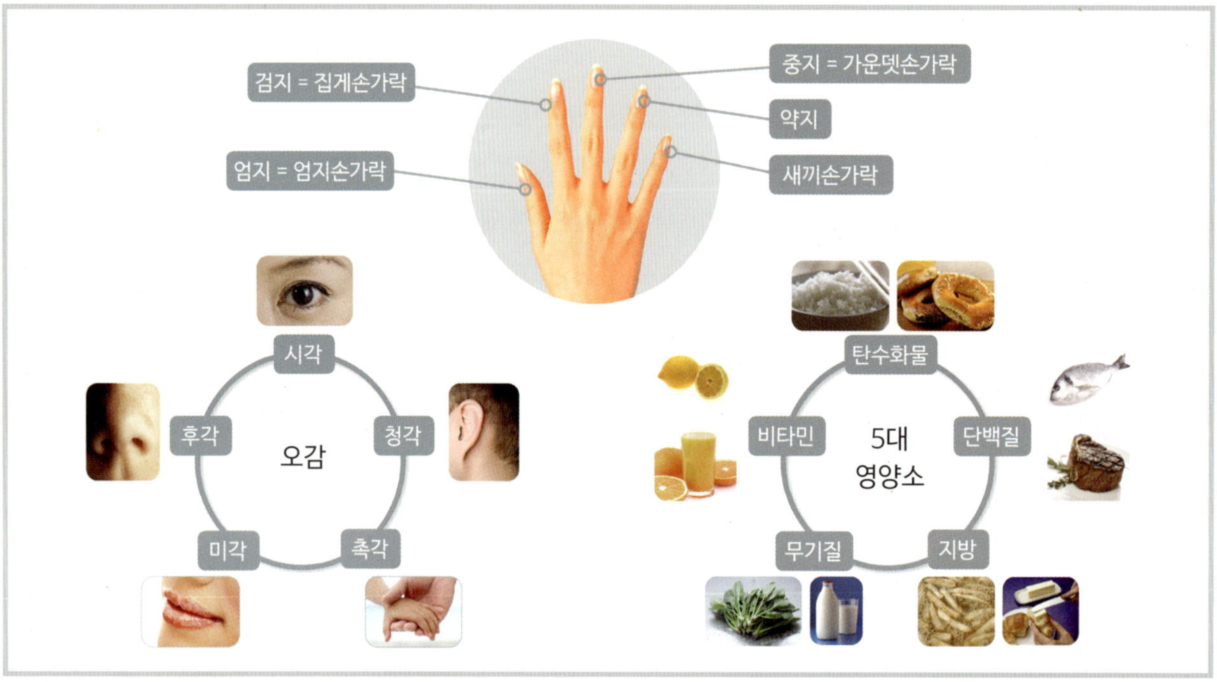

2. 위에서 알맞은 어휘를 골라 문장을 완성해 보십시오.

(1) 다음에 꼭 여기에 다시 오자고 ________을/를 걸고 약속했다.

(2) 요즘에는 사진을 찍을 때 ________와/과 ________(으)로 알파벳 V 자를 만들어 사진을 찍는 사람이 많다.

(3) 딸이 ________을/를 위로 치켜들면서 "우리 아빠 최고!"라고 말하는 순간 마음이 행복해졌다.

(4) 그 아이는 ________손가락을 입 앞에 대고 "쉿, 여기에서는 조용히 해야 해!"라고 하며 동생에게 주의를 줬다.

(5) 결혼반지는 보통 ________에 낀다.

(6) 그 사람은 사고 이후 ________을/를 잃어 앞을 보지 못한다.

(7) 소리를 느끼는 감각을 ________(이)라고 한다.
닿아서 느껴지는 감각을 ________(이)라고 한다.

(8) 요리사는 기본적으로 뛰어난 ________을/를 갖추고 있어야 한다.

(9) 실내에 가득한 허브 향기가 그의 ________을/를 자극하였다.

(10) ________은/는 두부나 생선에, ________은/는 밥이나 면류에, ________은/는 아몬드와 같은 견과류에, ________은/는 야채나 과일에, 그리고 칼슘, 마그네슘, 철 등을 포함하는 ________은/는 우유나 멸치 등에 많이 들어 있는데 이 모든 영양소들을 골고루 섭취하는 것이 건강에 좋다.

현대 문학

〈사랑손님과 어머니〉

준비하기

1. 여러분이 생각하는 가족은 어떤 모습입니까?
2. 시대와 함께 변화한 가치관은 어떤 것이 있습니까?
3. 다음 어휘의 의미를 알아보십시오.

어리광	홍당무	파르르	갈피	손가락질을 받다
산모퉁이	자물쇠를 채우다	반짇고리	사랑방	

작품 읽기

나는 여섯 살이 된 박옥희입니다. 어머니와 외삼촌과 살고 있어요. 우리 아버지는 내가 태어나기 전에 돌아가셨대요.

그러던 어느 날부터 학교 선생님인 아저씨가 우리 집 사랑에 살기로 했어요. 나는 아저씨와 금방 친해졌어요. 매일 아저씨 방에 놀러 갔어요. 그럴 때마다 어머니는 나를 예쁘게 꾸며 주셨어요.

아저씨는 나처럼 삶은 달걀을 좋아했어요. 나는 어머니에게 아저씨가 달걀을 제일 좋아한다고 말했어요. 그날부터 삶은 달걀을 실컷 먹게 되었어요.

어느 날 나는 아저씨와 정거장이 보이는 뒷동산에 올라갔어요. 그때 유치원 친구들을 만났어요. 친구들이 아저씨를 나의 아빠라고 생각했어요. 그 말을 듣고 나도 모르게 아저씨가 우리 아빠면 좋겠다는 말을 어리광을 부려 가면서 말했어요. 아저씨는 얼굴이 홍당무처럼 빨개져서 나를 혼냈어요. 아저씨가 화가 난 것처럼 보여서 눈물이 났어요.

일요일에 어머니와 교회에 갔어요. 저 멀리 아저씨도 앉아 있었어요. 나는 반가워서 아저씨에게 인사를 했지만 아저씨는 화가 난 것처럼 보였어요. 아저씨를 본 어머니도 화가 난 것처럼 보였어요. 왜 모두들 그렇게 화를 내는지 울고 싶었어요.

다음 날이었어요. 유치원을 다녀왔는데 어머니가 보이지 않았어요. 나를 기다리지 않은 어머니에게 화가 나 벽장에 숨었어요. 그러다가 나도 모르게 잠이 들고 말았어요. 잠에서 깨고 보니 벽장 안이 어둡고 좁고 더워서 울기 시작했어요. 그때 벽장문이 열렸어요. 어머니였어요. 나더러 울지 말라고 하면서도 어머니는 자꾸 울었어요.

이튿날 유치원을 마치고 오면서 어머니께 꽃을 가져다 드렸어요. 어머니가 어디서 가져온 꽃이냐고 물었어요.

"응, 이 꽃! 저, 아저씨가 엄마 갖다 주라고 했어."

내가 왜 거짓말을 했는지 나도 모르겠어요. 꽃을 들고 냄새를 맡고 있던 어머니는 꽃보다 더 빨갛게 되었어요. 어머니 (가) 손가락이 파르르 떨리는 것을 나는 보았어요. 어머니는 방 안을 한 번 둘러보

고 떨리는 목소리로 말했어요.

"옥희야, 이런 걸 받아서 오면 안 돼. 이 꽃 이야기는 아무한테도 하면 안 돼."

어머니는 꽃을 꽃병에 꽂아서 풍금 위에 놓아두었어요. 꽃이 다 시들자 꽃을 찬송가 갈피에 곱게 끼워 두었어요.

그러던 어느 날 어머니가 말했어요.

"옥희가 아버지를 새로 또 가지면 옥희는 손가락질 받고, 커서 시집도 훌륭한 데 못 가고, 공부를 해서 훌륭하게 돼도, 남들이 욕을 할 거야."

며칠 뒤에 아저씨가 짐을 싸고 있었어요. 그러고는 기차를 타고 멀리 간다고 했어요. 그 말을 어머니에게 전했어요. 어머니는 아무 말도 안 했어요.

그날 오후에 나는 어머니 손을 잡고 뒷동산으로 올라갔어요. 저편 산모퉁이에서 기차가 나타났어요. 뒷동산에서 내려오자 어머니는 방으로 들어가시더니, 풍금 뚜껑을 닫았어요. 풍금에 자물쇠를 채우고 그 위에다가 반짇고리를 얹어 놓고 찬송가 속 꽃을 빼내 버렸어요.

그때 달걀 장수가 왔어요.

"이젠 우리 달걀 안 사요. 달걀 먹는 사람이 없어요."

어머니는 거짓말쟁이예요. 나도 달걀을 좋아하는데 달걀을 먹는 사람이 없다고 하니 말이에요.

★ 내용 확인하기

1. 위 글의 내용과 같은 것은 무엇입니까? (　　)

① 옥희 어머니는 사랑을 지키기 위해 노력한다.
② 달걀은 아저씨에 대한 어머니 마음을 상징한다.
③ 옥희는 어머니의 마음을 정확하게 이해하고 있다.
④ 꽃은 옥희 어머니에 대한 아저씨 마음을 상징한다.

2. ㉮에 나타난 어머니의 심정으로 알맞지 않은 것은 무엇입니까? (　　)

① 기쁘다　② 화나다　③ 긴장하다　④ 가슴이 뛰다

3. 옥희는 사랑방 아저씨에 대해 어떻게 생각했습니까?

★ 이야기 나누기

1. 옥희 어머니와 사랑방 아저씨가 요즘 사람들이었다면 소설의 내용은 어떻게 달라졌을지 이야기해 보십시오.

2. 이 작품은 영화로도 제작이 되어서 유명해진 작품입니다. 여러분 나라에도 이와 같이 문학 작품이 영화로 제작된 경우가 있는지 이야기해 보십시오.

현대 문학 〈메밀꽃 필 무렵〉

★ 준비하기

1. 여러분은 인연을 믿습니까? 누군가와의 만남이 우연이 아니라는 생각을 한 적이 있습니까?
2. 오랫동안 기억에 남는 일이나 장소가 있습니까?
3. 다음 어휘의 의미를 알아보십시오.

망신을 시키다	귀에 못이 박히다	무렵	기막히다
머쓱하다	정색하다	허우적거리다	어지간하다

★ 작품 읽기

허 생원은 각 지역을 돌아다니며 장사를 하는 장돌뱅이이다. 그는 왼손잡이 장돌뱅이로 이십 년 넘게 전국의 시장을 돌아다녔지만 나귀 외에는 가족도 재산도 없는 사람이었다.

흔히 여름은 장사가 안 돼 일찍 장사를 마친다. 허 생원은 장돌뱅이 친구 조 선달과 함께 다른 시장을 찾아가기로 했다.

"오늘은 밤새도록 걸어야 할지도 몰라."

두 사람은 시장에 가기 전에 술집에 들르기로 했다. 술집에 들렀더니 싸움이 나 있었는데 싸움을 일으킨 사람은 바로 젊은 장돌뱅이인 동이였다. 허 생원은 장돌뱅이 망신을 시키는 동이를 크게 혼냈다. 혼이 난 동이는 자리를 떠났다.

허 생원은 술집에 앉아 술을 마시다가 동이가 걱정이 됐다. 바로 그때 동이가 달려와서 허 생원의 나귀가 도망가려고 한다고 알려 주었다. 동이 덕분에 급히 나가서 나귀를 붙잡을 수 있었다.

이후부터 세 사람은 봉평장에 같이 가기로 했다. 나귀에 짐을 싣고 함께 길을 떠났다. 허 생원은 평소 봉평장은 거의 빠지지 않았다. 그의 인생에 여자는 단 한 명으로 조 선달은 귀에 못이 박히게 들었던 이야기의 주인공이었다.

"달밤에는 그런 이야기가 어울리거든. 달밤이었으나……."

길은 지금 긴 산허리에 걸려 있다. 밤중을 지난 무렵인지 죽은 듯이 고요한 속에서 짐승 같은 달의 숨소리가 손에 잡힐 듯이 들리며 옥수수 잎새가 달에 푸르게 젖었다. 산은 피기 시작한 메밀꽃이 소금을 뿌린 듯이 보였다. 흐뭇한 달빛에 숨이 막힐 것 같았다. 허 생원은 이야기를 이어 나갔다.

"개울가로 목욕을 하러 갔는데 방앗간에서 성 서방네 딸이 울고 있었지. 봉평에서 제일 예쁜 아가씨였어. 근데 어찌나 슬프게 우는지 달래다 보니 기막힌 밤을 보내게 됐지."

허 생원은 담배를 피우며 생각에 빠졌다. 조 선달과 동이는 허 생원을 말없이 쳐다보기만 했다.

"그다음 날 보니 아무리 찾아도 없어. 빚을 져서 가족이 모두 도망간 후였어. 첫날밤이 마지막 밤이 됐지. 평생 못 잊었어. 다시 만나면 같이 살까……?"

이야기를 하다 보니 산길은 곧 큰길로 이어졌다.

허 생원은 머쓱했는지 동이에게 말을 걸었다. 가족 이야기, 고향 이야기 등 이런저런 질문을 했다. 동이가 정색을 하며 말했다.

"저는 늘 어머니 생각뿐입니다. 가족이라고는 어머니 한 명뿐인걸요. 아버지는 원래부터 없었어요. 제천에서 저를 낳고 집에서 쫓겨났거든요."

이야기를 하다 보니 개울에 금방 도착했다. 다리가 없는 데다가 물도 차고 돌도 미끄러워 건너기가 쉽지 않았다. 가 나귀와 조 선달은 쉽게 건넜지만 허 생원은 웬일인지 잘 건너지 못했다. 동이는 허 생원을 붙드느라 고생을 했다.

개울을 건너면서 동이가 어머니의 고향 친정이 봉평이라고 했다. 나 동이의 말에 허 생원은 발을 헛디뎠다. 조 선달은 하루 종일 실수를 하는 허 생원이 이상했다. 동이는 물에 빠져 허우적거리는 허 생원을 잡아 주고 난 후 등을 내밀었다. 허 생원은 동이에게 업혔다. 동이는 허 생원을 업고 물을 건너는 동안 이야기를 계속했다.

"어머니는 아버지를 한번 만나고 싶어 하세요."

허 생원은 동이의 등이 따뜻하다고 느꼈다. 물을 다 건넜을 때는 좀 더 업혔으면 좋겠다고 생각했지만 내려야 했다. 몸은 추웠지만 마음은 가벼웠다. 허 생원은 동이에게 다 제천장에 같이 가자고 했다.

나귀가 걷기 시작했을 때 동이의 채찍은 왼손에 있었다. 라 허 생원은 동이의 왼손을 자세히 보았다. 방울 소리가 한층 맑고 깨끗하게 울렸다.

달이 어지간히 기울어졌다.

★ 내용 확인하기

1. 소설의 구성 단계에 맞추어 단락을 나눠 보고 내용을 요약해 보십시오.

단계	내용
발단	
전개	
위기/절정	
결말	

2. 위 글의 내용과 같은 것은 무엇입니까? (　　)

① 허 생원과 동이는 오른손잡이이다.

② 허 생원은 큰 상점을 가진 상인이다.

③ 동이는 아버지에 대한 기억을 소중히 간직하고 있다.

④ 허 생원은 자신이 사랑했던 여자를 찾아 장을 돌아다닌다.

★ 이야기 나누기

1. 가~라의 이유에 대해 이야기해 보십시오.

2. 〈메밀꽃 필 무렵〉은 '묘사'가 뛰어난 작품으로 손꼽힙니다. 글 속에서 묘사가 잘 나타난 부분을 찾아 보십시오.

M.E.M.O

종합과제 6

01 보고서 ❻ 본론

02 기사 발표 ❻ 과학

보고서 ❻ 본론

보고서 ❶	주제 선정	보고서 ❷	목차 쓰기
보고서 ❸	자료 검색, 인용	보고서 ❹	예비 발표
보고서 ❺	서론	보고서 ❻	본론
보고서 ❼	결론, 참고 문헌	보고서 ❽	초록 발표

★ 본론에서 사용할 수 있는 표현

다음의 표현들을 사용해서 자신의 보고서 본론을 써 보십시오.

1. 자세히 설명할 때

한국의 직업 구조를 살펴보면 개인들의 직업 선호 및 선택에 대한 기준이 크게 변하고 있다는 것을 알 수 있다. **다시 말해서** 무엇이 좋은 직업인지 혹은 좋은 일자리인지에 대한 판단 및 선택 기준도 세대 간에 꾸준히 변해 왔다는 것이다.

(르엉미린)

➲ 앞의 내용을 자세히 설명할 때, '다시 말해서' 외에도, '즉', '다시 말하면', '자세히 말하면', '구체적으로 말하면 -(으)ㄴ/는다는 말이다', '말하자면 -(으)ㄴ/는 것이다'와 같은 표현을 사용할 수 있다.

연습

2. 예를 들 때

베트남의 임대료는 아시아에서 거의 최고 수준이다. **예를 들어** 싱가포르와 말레이시아의 임대료 수준은 패스트푸드 매출의 10%에 불과한 반면에 베트남에서는 20~30%에 달한다.

(도티늉)

➲ 앞에서 말한 내용의 구체적인 예를 들 때, '예를 들어', '예를 들면', '예컨대', '그 대표적인 예로 –을/를 들 수 있다'와 같은 표현을 사용할 수 있다.

연습

3. 이유나 원인을 나타낼 때

사람의 인생은 한 번뿐이기에 영화를 보면서 다른 사람의 인생을 경험하고자 하는 사람들이 있다. **왜냐하면** 간접 경험을 통해서 대리만족을 느낄 수 있**기 때문이다.**

(왕수)

➲ 어떤 현상의 이유나 원인을 나타낼 때, '–(으)로 인해', '왜냐하면(그 이유는) –기 때문이다'와 같은 표현을 사용할 수 있다.

연습

4. 순서를 나타낼 때

중국에서 실시된 쓰레기 분리 배출 정책이 환경에 미치는 영향은 다음과 같다. **첫째,** 쓰레기를 분리하면 쓰레기를 매립할 때 이용하는 토지 면적을 줄일 수 있다. (중략) **둘째,** 환경오염을 완화시킬 수 있다. (중략) **마지막으로** 재활용이 가능한 쓰레기는 다시 자원으로 쓸 수 있다.

(진야오강)

순서를 나타낼 때, '첫째', '둘째', '마지막으로' 등의 표현을 사용할 수 있다.

연습

5. 차이나 유사를 나타낼 때

그 목적은 환경을 보호하고 대기 오염을 방지하기 위한 것이다. 따라서 한국과 중국 모두 대기 환경뿐만 아니라 환경 전반에 대해 긴밀한 관심을 갖고 있으며 그에 대한 제도도 마련이 되어 **있다는 점에서 유사하다**고 할 수 있다.

(오진우)

두 가지 이상의 대상에 대해 차이나 유사를 나타낼 때, '-(ㄴ/는)다는 점에서 차이를 보인다', '-(ㄴ/는)다는 점에서 유사하다/흡사하다'와 같은 표현을 사용할 수 있다.

연습

6. 반대를 나타낼 때

지금까지 한·중 속담과 문화적 영향에 대해서 알아보았다. 한·중 속담 기원과 사례 비교를 통해 두 나라 사이에 문화적 유사점이 **있는 반면에** 차이점도 존재함을 알 수 있었다.

(달림)

반대를 나타낼 때, '-(으)ㄴ/는 반면에' 등의 표현을 사용할 수 있다.

연습

7. 시작이나 강조를 나타낼 때

학습 부진, 우울증, 자살, 학교 폭력 등은 청소년들의 불안정한 정서**에서 비롯된다**고 할 수 있다. 따라서 청소년기에는 이러한 심리 상태를 안정시키기 위해 사회와 가족이 청소년의 심리를 **파악하는 것이 매우 중요하다.**

(레티마이)

시작이나 강조를 나타낼 때 '-에게서/에서 비롯된다', '-(으)ㄴ/는 것이 중요하다'와 같은 표현을 사용할 수 있다.

연습

8. 결론을 나타낼 때

회식을 할 때 상급자와 같이 술자리를 하는 경우 회사를 비판하지 말아야 한다. 공감을 얻기는커녕 비난이나 공격을 받을 수도 있다. **결국** 조직을 비판하**면** 자신에 대한 이미지를 훼손시**킬 수 있는 것이다.**

(장후이원)

어떤 내용의 결론을 나타낼 때, '결국 -(으)면 -(으)ㄹ 수 있는 것이다', '결국 -(으)면 -게 될 수 있다', '결국 -(으)면 -게 되는 것이다'와 같은 표현을 사용할 수 있다.

연습

기사 발표 ❻ 과학

1. 과학 관련 어휘입니다. 알맞은 어휘를 골라 문장을 완성해 보십시오.

해킹	가공하다	기술	면역력	변형
생태계	원격	프로그래머	빅데이터	3D 프린팅

(1) 많은 국제 환경 단체들이 ______ 을/를 보호하기 위해 노력하고 있다.

(2) 요즘 하이힐을 즐겨 신는 여성들이 늘면서 발의 모양이 ______ 되어 생기는 질환을 앓는 환자들이 증가하고 있다.

(3) 최근 농촌에서는 농산물을 ______ 다양한 제품으로 생산하여 판매를 하고 있는 곳들이 늘고 있다.

(4) ______ 은/는 설계도를 컴퓨터에 입력하면 설계에 따라 종이, 플라스틱 액체 등의 원료로 3차원(3D)의 입체적 고체 물질을 프린트하는 새로운 출력 기술을 의미한다.

(5) 지금은 ______ 뿐만 아니라 직장인과 학생들에게도 컴퓨터는 필수품이 되고 있다.

2. 다음 헤드라인을 읽고 기사 내용을 추측해 보십시오.

"폐암 말기입니다." 진단, 알고보니 해킹… AI 도입 늘수록 병원 해킹 위험 커진다

양배추와 레드 와인으로 겨울철 체온·면역력 향상

AI 기술, 웹툰 불법 운영자 검거 도와

'터널 화재 골든 타임 지킨다'… 원격 소화 장치 시범 도입

빅데이터로 입맛 알아냈다, 북미에 3억 원 차(茶) 수출

3. 다음 기사를 읽고 자신의 의견을 이야기해 보십시오.

기업 채용 거세진 'AI 면접 바람'

객관적이고 공정한 평가 가능해
사람은 사람이 뽑아야

최근 채용 시장에 인공지능(AI)이라는 새로운 복병이 등장했다. 아직까지는 다소 낯선 느낌이 들지만 이미 채용 과정에 AI를 도입했거나 앞으로 AI 면접을 진행하겠다고 발표한 기업이 점점 많아지고 있는 추세이다. 그러나 이러한 AI 채용 시스템을 바라보는 시각은 엇갈린다.

기업이 채용 과정에서 AI를 도입하는 가장 주된 이유는 공정성과 효율성 때문이다. 그중에서도 AI 채용의 가장 큰 장점으로 효율성을 들 수 있는데, AI 채용 솔루션을 통해 기업은 기존 채용 과정보다 채용 기간이나 비용을 크게 줄일 수 있게 된다. 이외에도 수만 명의 지원자의 자기소개서를 단 하루 만에 분석할 수 있다. 이처럼 그동안 제한적이었던 채용 분위기와 달리, 더 많은 지원자에게 기회를 줄 수 있다는 점에서 이러한 시스템은 긍정적으로 평가를 받고 있는 분위기다. 공정성 측면과 관련해서도 AI를 채용 과정에 도입한 기업들은 채용 과정에서 채용 비리를 차단하면서 객관적이고 공정한 평가를 할 수 있다고 주장한다.

한편, AI 채용 시스템에 대해 우려하는 주장도 만만치 않다. 과연 인공지능(AI)이 사람보다 사람을 제대로 평가하고 뽑을 수 있을까에 대한 회의적인 입장 속에서 사람은 사람이 뽑아야 한다는 것이 가장 큰 우려의 이유였다. 이처럼 지원자의 분위기나 인성 등을 정확히 평가하는 것은 오직 사람만이 가능하다고 주장하며 인공지능(AI)의 한계를 지적하는 사람들도 여전히 많다.

4. 과학과 관련된 기사를 검색하여 기사 내용과 자신의 의견을 발표해 보십시오.

13과

백화점과 소비 심리

백화점

01

도 입

1. 다음은 쇼핑할 때 자주 볼 수 있는 광고 문구입니다. 이 중에서 여러분의 마음을 움직이는 광고 문구는 무엇인지 이야기해 보십시오.

1 + 1 하나를 사시면 하나 더 드립니다.	세계적인 디자이너 ○○의 신상품 한정 판매	이제 마지막 하나 남았습니다.
최고의 품질을 보장합니다.	A/S는 물론 교환 및 환불이 언제든지 가능합니다.	오늘 하루만 세일합니다.

2. 다음 중 가장 먼저 눈길이 가는 상품은 무엇입니까? 쇼핑할 때 여러분의 구매욕을 자극하는 상품에 대해서 이야기해 보십시오.

3. 다음은 한국 사람들의 연말 선물 구입 장소에 대해 설문 조사한 결과입니다. 질문을 읽고 이야기해 보십시오.

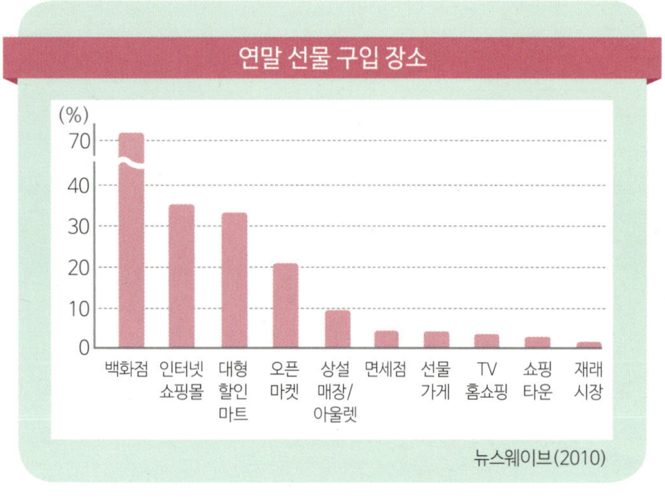

(1) 많은 한국 사람들이 왜 백화점에서 연말 선물을 산다고 생각합니까?

(2) 여러분이 백화점을 이용하는 경우는 주로 언제입니까? 백화점에서 자주 구입하는 상품은 무엇입니까?

(3) 백화점 이용의 장단점은 무엇인지 이야기해 보십시오.

어 휘

★ 다음 어휘 또는 표현의 의미를 알아보고 아래 문장을 완성해 보십시오.

탓하다	치명적	변질	닿다	돋보이다
알아채다	상대적	씀씀이	용이하다	가급적

1. 식품의 보존 기간을 늘리고 ＿＿＿＿＿ 을/를 막기 위해 방부제가 다량으로 사용된다.
2. 이 영화는 배우들의 연기, 음악, 감독의 연출 등 모든 것이 훌륭했지만 그중에서도 음악이 가장 ＿＿＿＿＿
3. 이번 공장의 화재는 비록 큰 사건은 아니었지만 회사의 이미지에 ＿＿＿＿＿ 손상을 입혔다.
4. 선생님은 키가 커서 손을 뻗으면 교실 천장에 손이 ＿＿＿＿＿
5. 자신이 잘못한 일에 대해서는 솔직하게 인정해야지 다른 사람을 ＿＿＿＿＿ (으)면 안 된다.

● ● ● ● ●

6. 그녀는 수입에 비해 ＿＿＿＿＿ 이/가 커서 생활에 곤란을 겪은 적이 한두 번이 아니었다.
7. 올해는 소고기, 돼지고기 등 육류의 소비에 비해 채소나 과일 등의 소비가 ＿＿＿＿＿ (으)로 상승했다.
8. 새로 이사한 집은 지하철역이 가까워서 출퇴근이 ＿＿＿＿＿
9. 아내는 이제 내 눈만 봐도 내가 거짓말을 한다는 것을 금방 ＿＿＿＿＿ 아서/어서 더 이상 거짓말을 할 수가 없다.
10. 친환경 세제도 물을 오염시킬 수 있기 때문에 ＿＿＿＿＿ 사용량을 줄이는 것이 좋다.

읽 기

★ **다음은 '백화점의 판매 전략'에 대한 글입니다. 다음을 읽고 질문에 답해 보십시오.**

백화점에 가면 왜 쇼핑에만 집중하게 되고 이것저것 사고 싶어지는 것일까? 백화점에서 충동구매를 했다고 해서 자신의 약한 의지만을 탓할 것이 아니다. 충동구매를 한 자신의 의지도 원인이지만 고객에게 상품을 팔기 위한 백화점의 판매 전략도 중요하게 작용했기 때문이다. 우리가 평소 잘 인식하지 못하는 백화점의 판매 전략에 대해서 살펴보자.

㉮ 백화점에는 왜 창문이 없을까?

백화점에서는 창문을 찾아보기 어려운데 여기에도 다 이유가 있다. 첫 번째, 창문이 없으면 상품에 치명적인 영향을 끼치는 햇빛을 막을 수 있다. 햇빛은 상품을 변질시키는 원인 중 하나인데, 특히 의류에 닿으면 옷이 쉽게 바래서 판매할 수 없게 된다. 두 번째, 더 많은 공간 활용이 가능하다. 창문이 없으면 상품을 진열할 수 있는 곳이 늘어나 더 많은 상품들을 고객들에게 보여 줄 수 있다. 세 번째, 조명의 효과를 최대한 살릴 수 있다. 조명은 상품을 돋보이게 하여 고객의 눈길을 끄는 장치인데 창문을 통해 빛이 들어오면 조명의 힘이 약해지기 때문이다. 그러나 그 무엇보다도 중요한 이유는 고객들의 발길을 오랫동안 잡아 두기 위해서다. 창문이 없으면 고객들은 날이 어두워지는 것을 알아채지 못하고 쇼핑에만 집중하게 된다. 백화점에 창문뿐만 아니라 흔한 시계조차 없는 것도 이런 이유 때문이다.

㉯ 여성 의류 매장은 왜 낮은 층에 있을까?

백화점에서 매출이 큰 매장일수록 고객들이 접근하기 쉬운 낮은 층에 위치한다. 백화점 총 매출의 40% 가량을 차지하는 여성 의류 매장은 보통 2층부터 시작한다. 특히 20~30대 여성의 옷을 파는 매장이 대부분 낮은 층에 위치하는 것은 상대적으로 씀씀이가 큰 젊은 여성들의 접근이 용이하도록 하기 위해서이다. 지하나 5층 이상에 위치한 상품들은 보통 계획에 따라 구매하는 상품들로 식료품, 가전제품, 유아 용품, 가구 등이 있다. 이러한 상품들을 사러 온 고객들은 자연스럽게 중간 층도 둘러보게 되는데 이때 계획에 없는 소비를 하게 되는 것이다. 이와 같이 분수처럼 아래층에서 위층으로 고객을 올려 보내거나 반대로 샤워 물줄기처럼 위층에서 아래층으로 고객을 내려 보내는 것을 각각 '분수 효과'와 '샤워 효과'라고 한다.

㉰ 에스컬레이터가 매출과 관련이 있을까?

에스컬레이터를 기준으로 매장이 어디에 있느냐에 따라 매출에 차이가 나는데 이를 '에스컬레이터 효과'라고 한다. 에스컬레이터가 올라가는 방향의 오른쪽에 위치한 매장이 가장 좋은 장소라고 한다. 한 실험 결과에 의하면 한국 사람들은 왼쪽보다 오른쪽을 선호한다고 한다. 이 실험에서는 장애물을 피하거거나 횡단보도를 건널 때 사람들이 어느 쪽으로 가는지 알아보았는데, 실험 결과 70% 이상의 사람들이 오른쪽을 선호하는 것으로 나타났다.

따라서 에스컬레이터에서 내린 후에도 왼쪽보다 오른쪽으로 이동할 가능성이 높기 때문에 각 층의 올라가는 에스컬레이터 오른쪽에는 가장 인기 있고 매출이 높은 매장이 위치하게 된다.

㉣ 점원은 왜 내 옆에 서 있을까?

매장에서 점원들의 행동도 매출에 영향을 미친다. 점원들은 고객을 대할 때 정면에 서지 않고 가급적이면 고객의 옆에 선다. 이런 행동은 고객이 상품을 볼 수 있는 시야를 확보해 주고 심리적 압박을 최소화하여 쇼핑을 편안하게 할 수 있게 해 준다.

또 점원들은 고객 뒤에서 다른 행동을 하지 않는다. 고객의 등 뒤에서 이야기하거나 다른 일을 하면 고객은 점원이 자신에게 관심이 없다고 느끼게 되고 결국 매장을 떠나게 된다.

고객이 앉아 있을 경우 점원들은 고객의 위쪽에서 이야기하는 것을 피한다. 점원들이 고객의 위쪽에서 이야기를 하거나 물건을 주고받으면 고객이 불쾌감을 느낄 수 있기 때문이다. 그래서 점원들은 고객의 눈높이에 맞게 자세를 바꿔서 이야기하려고 한다.

1. 위의 글을 바탕으로 다음을 완성해 보십시오.

백화점에서 충동구매를 하는 것은 자신의 ________ 이/가 약한 것도 원인이지만 고객에게 상품을 팔기 위한 백화점의 ________ 도 영향을 미쳤기 때문이다.

2. 백화점에 창문이 없는 네 가지 이유를 설명해 보십시오.

3. '분수 효과'와 '샤워 효과'란 무엇입니까?

- 분수 효과:
- 샤워 효과:

4. '에스컬레이터 효과'에 따르면 백화점에서 매출이 좋은 자리는 어디입니까?

5. 위의 글을 읽고 점원이 고객과 함께 있을 때 해야 할 행동으로 맞으면 O, 틀리면 X 하십시오.

(1) 고객과 이야기할 때 되도록 얼굴을 마주보고 이야기하지 않는다. (　　)
(2) 고객이 상품을 잘 볼 수 있도록 등 뒤에 서서 상품에 대해 설명한다. (　　)
(3) 고객의 등 뒤에 서 있을 때 제대로 진열되어 있지 않은 상품을 정리한다. (　　)
(4) 고객이 앉아서 이야기하면 점원도 무릎을 구부리거나 허리를 굽혀서 이야기한다. (　　)

관용표현 ⑬

관용어	의미
돈방석에 앉다	갑자기 많은 돈을 갖게 되다.
두 손 두 발 다 들다	자신의 능력으로 할 수 없어서 그만두다.
배가 등에 붙다	몹시 배가 고프다.
상다리가 부러지다	음식을 아주 많이 차리다.
손가락을 빨다	돈이 없어서 굶다.

1. 다음 상황과 관련 있는 관용어를 말해 보십시오.

(1) 오늘은 아침부터 바빴어요. 저녁 때까지 한 끼도 제대로 못 먹어서 너무 배가 고파요.

(2) 우리 삼촌은 어렸을 때부터 발명을 좋아해서 여러 가지 물건을 만들었어요. 이번에 발명한 '음성 인식 자동차'는 대기업에 300억에 팔려서 큰돈을 벌게 되었어요.

(3) '사위 사랑은 장모'라는 말이 있지요. 엄마는 형부가 오실 때면 언제나 여러 가지 음식을 많이 준비하세요.

(4) 억만장자가 된 그 축구선수는 어렸을 때 집이 너무 가난해서 하루에 한 끼도 먹기 힘들었다고 한다.

(5) 네 시간 동안 이 문제를 풀려고 해 봤지만 내 머리로는 도저히 풀 수 없다.

2. 관용어를 넣어서 대화를 완성해 보십시오.

(1) **가** 이번에 이 회사 주식이 굉장히 많이 올랐나 봐.
나 그래서 ______________ 게 된 사람도 많아. 정말 부럽다.

(2) **가** 과장님께 이번 주까지 마케팅 기획안을 끝내는 건 무리라고 말씀드렸지만 무슨 수를 써서라도 끝내라고 하시네요.
나 어제 회의에서도 얘기했지만 소용없어요. 직원들이 과장님 고집에 ______________

(3) **가** 은주 씨 집들이에 간다고 하더니 잘 갔다 왔어요?
나 네, 은주 씨가 음식을 어찌나 많이 준비했던지 ______________ (으)ㄹ 정도였어요.

(4) **가** 아르바이트 구했어?
나 아직 못 구했어. 미안한데 다음 달에 꼭 갚을 테니까 10만 원만 빌려 줄래? 생활비가 다 떨어져서 ______________ 고 살아야 할 것 같아.

(5) **가** 눈코 뜰 새 없이 바빠 보이는데 밥은 먹었어?
나 아니, 아침부터 한 끼도 못 먹어서 ______________

3. 배운 표현을 사용해서 대화 또는 짧은 이야기를 만들어 보십시오.

02

말하기

1. 다음에 대해 이야기해 보십시오.

(1) 백화점에 가면 사지 않더라도 자주 들르는 매장이나 구경하는 상품이 있습니까?

(2) 백화점 세일 기간에 상품을 산 적이 있습니까? 세일 기간에 상품 가격이 싸다는 이유로 불필요한 상품을 구매한 경험이 있습니까?

(3) 쇼핑할 때 점원이 여러분 곁에서 도와주는 것이 좋습니까, 아니면 멀찌감치 떨어져 있다가 도움이 필요할 때에만 오는 것이 좋습니까?

(4) 쇼핑할 때 점원이 해 주는 말을 얼마나 믿습니까? 점원의 말 중에 믿지 않는 말이 있습니까?

(5) 점원들은 어떤 손님을 가장 싫어할 것 같습니까?

(6) 상품을 구매할 때 현금과 신용카드 중 더 자주 사용하는 것은 무엇입니까? 각각 어떤 장단점이 있습니까?

(7) 교환이나 환불이 잘 되는 상품과 그렇지 않은 상품에는 어떤 것이 있습니까?

2. 다음에 대해 이야기해 보십시오.

(1) 여러분은 혼자 쇼핑하는 것을 선호합니까, 아니면 누군가와 함께 쇼핑하는 것을 선호합니까? 각각의 장단점은 무엇인지 이야기해 보십시오.

(2) 상품을 살 때 여기저기 둘러보고 사는 편입니까, 아니면 마음에 들면 바로 사는 편입니까?

(3) 여러분은 무엇을 살 때 쇼핑하는 시간이 가장 오래 걸립니까?

옷	신발	액세서리	책	가전제품	식료품	기타(　　)

(4) 마음에 드는 상품을 사기 위해 특별한 노력을 해 본 적이 있습니까?

확장하기

장소	상품을 구입할 때	상품에 문제가 있을 때
고객 상담실 수선실 안내 데스크 물품 보관소	결제 일시불, ○○개월 할부 상품권 사은품	하자가 있다 무상 수리를 받다 파손되다 보상을 받다

1. 위에서 알맞은 표현을 골라 다음을 완성해 보십시오.

(1) ________ 은/는 당일 보관만 가능하며 식품이나 상할 수 있는 물건은 맡길 수 없으니 이 점 유의해 주시기 바랍니다.

(2) ________ 은/는 고객이 직접 접수하거나 인터넷 또는 전화로 접수된 불편 사항을 처리하는 곳입니다.

(3) 상품에 문제가 생겼을 때 구매한 날로부터 1년까지 A/S 센터에서 ________ 수 있습니다.

(4) 바지의 기장을 줄일 경우에는 건물 내에 있는 ________ 에 맡기면 두 시간 후에 찾아 가실 수 있습니다.

(5) 훼손되거나 ________ (으)ㄴ/는 상품은 구입하신 매장으로 연락해 주시면 24시간 이내에 새 상품으로 교환해 드립니다.

(6) 10만 원 이상 구입하신 고객분들께 감사의 의미로 주방 세제를 ________ (으)로 드립니다.

(7) **점원** 고객님, 6만 원입니다. ________ 도와 드리겠습니다.
손님 카드로 계산해 주세요.
점원 3개월 ________ (으)로 해 드릴까요?
손님 아니요, ________ (으)로 해 주세요.

2. 다음은 의류 구입과 관련된 교환 및 환불 규정 중 일부입니다. 아래의 상황에 처했을 때 어떻게 해야 할지 설명해 보십시오.

- 교환 또는 반품을 하실 경우에는 영수증과 결제 당시에 사용했던 카드를 지참해 주시기 바랍니다.
- 상품에 하자가 있을 시 영수증과 상품을 가지고 매장을 방문해 주시면 바로 처리해 드리겠습니다.
- 고객의 부주의로 인하여 상품 변형, 훼손 또는 파손된 경우 반품 및 교환이 불가능합니다.
- 상품의 라벨이 제거된 경우나 세일 상품일 경우에는 반품 및 교환이 불가능합니다.
- 고객 상담실의 ARS는 국번 없이 1234-1234입니다. 연락 주시면 친절하게 상담해 드리겠습니다.
(평일 오전 9:30~오후 5:00, 토·일요일과 공휴일은 휴무)

(1) 집에 와서 살펴보니 옷에 구멍이 있습니다. 가장 먼저 무엇을 해야 합니까?

(2) 아직 한 번도 입지 않은 옷을 환불하고 싶습니다. 무엇을 준비해야 합니까?

(3) 옷을 입어 보니 조금 작아서 교환하고 싶은데 영수증이 없습니다. 어떻게 해야 합니까?

요약하기 ❸

★ 긴 글 요약하기

이전에는 부유층이 고가 제품을 구입하고 서민층은 저가 제품을 구매하는 것이 일반적이었다. 그렇지만 이제는 소비 형태가 많이 달라졌다. 부유층은 자신이 중요하다고 생각하는 것에는 많은 돈을 쓰지만 그렇지 않은 경우에는 할인점이나 시장을 이용해서 알뜰하게 소비한다. 또한 자신이 부유층이 아니라고 생각하는 소비자들도 자신이 가치가 있다고 생각하는 것에는 아끼지 않고 지갑을 연다. 즉 소비자는 필요에 따라 명품을 사기도 하고 저렴한 시장을 이용하기도 하는 것이다.

소비 형태가 변한 이유는 소비자들의 생활수준이나 생활양식 등이 변했기 때문이다. 국민의 소득수준이 높아졌을 뿐만 아니라 소비자들은 자신의 필요나 용도, 개인적 관심사에 따라 할인을 받아서 싸게 산다든지 기꺼이 그만큼의 값을 지불한다든지 하면서 선택적으로 소비하는 것이다. 이러한 소비자들의 변화를 가장 쉽게 관찰할 수 있는 곳은 패션 시장이다. 패션 시장은 명품 브랜드와 저가의 브랜드들만이 성장을 지속하고 있으며, 그 사이에 있는 중간 가격 브랜드들은 매출에 어려움을 겪고 있다.

소비자의 변화하는 성향을 읽고 그에 대응하는 브랜드는 경쟁에서 살아남고, 이것도 저것도 아닌 중간 정도의 품질과 가격으로 승부하려는 기업은 점차 시장에서 밀려나고 있다. 시장의 변화에 발빠르게 맞춰야 브랜드가 유지되고 성장할 수 있다.

1. **핵심 문장 쓰기:** 각 문단에서 중심 내용을 찾아서 한 문장으로 정리한다.

첫째 문단	소비자들의 소비 형태가 예전에 비해 많이 달라졌다.
둘째 문단	소비 형태가 변한 이유는 소비자들의 생활수준이나 생활양식이 변했기 때문이다.
셋째 문단	기업들은 시장의 변화에 맞춰야 성장할 수 있다.

2. **요약하기:** 각 문단의 중심 내용들을 자연스럽게 연결하여 하나의 글로 재구성한다.

이제는 소비 형태가 예전에 비해 많이 달라졌다. **이와 같이** 소비 형태가 변한 이유는 소비자들의 생활수준이나 생활양식 등이 변했기 때문이다. **앞으로** 기업들은 이러한 시장의 변화에 잘 맞춰야 브랜드가 유지되고 성장할 수 있을 것이다.

연습 1

자본주의 경제체제에서는 자신이 능력껏 일한 만큼 소득을 올릴 수 있고 그 소득으로 사고 싶은 것을 사고, 하고 싶은 일을 할 수 있다는 것이 큰 장점이다. 또한 그것은 개인의 자유를 가지고 하는 일이기 때문에 자본주의는 자유민주주의라는 정치체제와 함께 발달하게 되었다.

그러나 자본주의는 출발부터 불평등하다고 볼 수 있다. 처음부터 가진 것이 있는 자본가 계급과 가진 것이 없어서 노동을 제공하여 소득을 얻어야 하는 노동자 계급에서 출발했기 때문이다. 자본주의의 폐해의 일례로 노동 착취를 들 수 있다. 특히 제3세계 빈곤층의 노동 착취는 정도가 심하다. 그들은 기본적인 생활 유지도 어려울 만큼 아주 소액의 임금을 받고 장시간 힘든 노동을 하고 있다. 이들의 노동 착취는 잘 알려져 있지 않기에 더욱 심각한 상황이다. 빈곤층이 아니라 하더라도 소득의 분배 문제가 존재한다. 자본가는 적은 자본을 써서 자신의 부를 축적하려고 하기 때문에 일자리는 점점 줄어들 수밖에 없다. 따라서 정규직보다 계약직, 단기직의 조건으로 일자리를 제공하므로 고용주와 근로자의 갈등은 끊임이 없다.

많은 전문가들이 자본주의는 이제 한계에 도달했다고 한다. 일자리는 한정되어 있고 일하려는 사람은 많은 것이다. 이러한 상황에서 제기된 대안이 기본 소득이다. 어차피 모든 사람에게 일자리는 돌아가지 않는다. 그러므로 국가의 경제적 상황으로 인해 일자리를 얻지 못한 사람들에게 기본 소득을 주어야 형평성에 맞다는 것이다. 스위스에서는 이러한 논의가 전국적으로 일어나서 이 사안에 대해 국민투표를 실시하기도 했다.

1. 핵심 문장 쓰기

첫째 문단	
둘째 문단	
셋째 문단	

2. 요약하기

연습 2

현대인들은 인구가 밀집해 있고 고층 건물들이 빽빽하게 들어선 도시에서 살고 있다. 도시에서는 모든 것을 빨리빨리 해야 하고 개인의 자유와 편리함을 누리는 동시에 주변에 있는 사람에게 피해를 주지 않도록 더 많은 신경을 써야 한다. 게다가 도시에서 살기 위해서는 경제력이 있어야 하기 때문에 힘들게 버는 만큼 소비하도록 강요받고 있다. 결국 도시에서는 돈을 쓰기 위해 벌지 않을 수 없는 것이다.

이렇게 숨가쁜 도시의 삶에서 벗어나 좀 더 여유롭고 인간다운 경제 공동체를 꿈꾸는 시도는 이미 지구촌 곳곳에서 시작되었고 지금도 계속되고 있다. 이러한 취지에서 인도에 '오로빌(Auroville)'이라고 하는 이름의 공동체가 만들어졌다. 오로빌은 여러 나라에서 온 사람들이 함께 생활하며 물건을 직접 만들거나 공유해서 사용하고, 주변 환경을 깨끗하게 유지하고 관리하는 '다국적 생태 공동체'라고 할 수 있다. 약 53개국에서 온 2,700여 명의 사람들이 더불어 살아가는 곳이다.

오로빌의 첫 번째 특징은 공동체 내의 부동산과 건물은 공동소유라는 점이다. 개인이 소유할 수 없고 집을 사더라도 오로빌 재단에 기부를 한 후 거기에서 살 수 있는 권한만 가질 수 있다. 따라서 집을 마음대로 크게 짓거나 꾸밀 수 없기 때문에 주변 환경과 조화를 이루는 방식으로 살아가는 법을 배우게 된다. 두 번째 특징은 공교육과 다른 자율적 교육 방식이다. 이곳의 교육 방식은 대안학교를 통해서 이루어진다. 대안학교란 공교육의 문제점을 보완하기 위해 학습자 중심의 자율적인 프로그램을 운영하는 학교이다. 이곳에는 13개의 대안학교가 있고 700여 명의 아이들이 학교에 다닌다. 학생들과 선생님들이 대화를 하면서 원하는 수업들을 만들어 가기도 하고, 여행이나 놀이를 통해서 교육을 하는 프로그램도 있다. 공교육에서 하는 기본적인 국어, 영어, 수학도 가르치지만 철학, 예술, 고대언어, 요가, 명상과 같이 인생에 필요한 프로그램을 다양하게 운영하고 있다. 세 번째 특징은 경찰과 법이 없다는 것이다. 분쟁이 있을 때 서로 조정하며 마을 사람들이 자발적으로 밤에 위험한 일이 없는지 경비를 하고 만약 문제가 생겼을 경우에는 외부 경찰에 도움을 요청해서 해결한다.

그러나 무엇보다 중요한 것은, 오로빌에서 다양성에 대한 존중을 배운다는 것이다. 문화적 배경이 다른 사람들끼리 오해와 갈등을 풀어 가는 방식은 아이에게나 어른에게나 할 것 없이 소중한 경험이다. 오로빌에서 추구하는 이상적 삶을 실현하려는 시도는 우리 사회에서도 하나씩 나타나고 있다. 공유 차, 공유 숙박 시설 등이 그 예라고 할 수 있다. 앞으로도 도시 생활과 지나친 소비의 단점을 보완하는 시도들은 계속될 것이다.

1. 핵심 문장 쓰기

첫째 문단	
둘째 문단	
셋째 문단	
넷째 문단	

2. 요약하기

M.E.M.O

14과

생활 속의 광고

Sale

01

도 입

1. 다음은 가족의 진정한 의미를 생각하게 하는 공익 광고입니다. 다음 중 알맞은 표현을 골라 빈칸 ❶~❻에 쓰고, 가족의 진정한 의미가 무엇인지 생각하여 문장을 완성해 보십시오.

고3	따로따로	양치질	바쁘다	집안일	북적이다

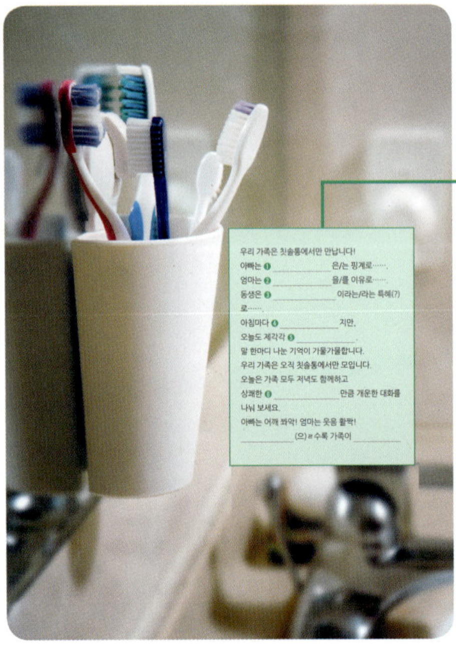

우리 가족은 칫솔통에서만 만납니다!
아빠는 ❶ ____________ 은/는 핑계로…….
엄마는 ❷ ____________ 을/를 이유로…….
동생은 ❸ ____________ 이라는/라는 특혜(?)로…….
아침마다 ❹ ____________ 지만,
오늘도 제각각 ❺ ____________.
말 한마디 나눈 기억이 가물가물합니다.
우리 가족은 오직 칫솔통에서만 모입니다.
오늘은 가족 모두 저녁도 함께하고
상쾌한 ❻ ____________ 만큼 개운한 대화를 나눠 보세요.
아빠는 어깨 쫘악! 엄마는 웃음 활짝!
____________ (으)ㄹ수록 가족이 ____________

2. 다음은 소비자의 구매에 영향을 주는 광고 항목입니다. 어떤 항목들이 구매에 가장 큰 영향을 미친다고 생각합니까? 이 중 3개를 선택한 후 그 이유를 설명해 보십시오.

☐ 창의성	☐ 배경 음악	☐ 광고 문구	☐ 방영 시간
☐ 광고 내용	☐ 색깔, 이미지	☐ 기업에 대한 이미지	☐ 광고 소재
☐ 상품에 대한 정보	☐ 광고 매체	☐ 유명 모델 등장	☐ 기타

3. 아래에서 기억에 남는 광고가 있습니까? 그 광고가 기억에 남는 이유를 2번의 항목들과 관련해서 이야기해 보십시오.

식품 광고	의류 광고	가전제품 광고	화장품 광고	자동차 광고	공익 광고

어 휘

★ **다음 어휘 또는 표현의 의미를 알아보고 아래 문장을 완성해 보십시오.**

구실	유도하다	위협	경각심	처리하다
온정	증언	궁금증	유발하다	내세우다

1. 이번 화재는 작은 실수가 큰 화재로 이어질 수 있다는 것에 대한 ______ 을/를 불러 일으켰다.
2. 그는 생명의 ______ 에도 불구하고 법정에 증인으로 서겠다는 약속을 지켰다.
3. 시장은 에너지 절약을 위해 직접 지하철을 타고 출근함으로써 시민들이 대중교통을 이용하도록 ______
4. 이번에 출시된 자동차의 전체적인 디자인을 곡선으로 ______ 아서/어서 부드러운 느낌을 준다.
5. 거실에 장미 화분을 놓았더니 집안 분위기를 화사하게 하는 데 큰 ______ 을/를 한다.

● ● ● ● ●

6. 기자들은 독자들의 호기심을 ______ 기 위해 기사 제목을 재미있게 붙이기도 한다.
7. 앞에 앉은 여학생은 문제에 대한 ______ 이/가 풀릴 때까지 쉬는 시간이 끝나도록 질문을 멈추지 않았다.
8. 그 기업은 평범한 사람들을 광고 모델로 ______ 아서/어서 대단히 좋은 반응을 얻고 있다.
9. 그 다큐멘터리는 전쟁 생존자들의 ______ 을/를 바탕으로 구성되었다.
10. 가족을 잃은 소년의 안타까운 소식이 전해지자 각지에서 ______ 의 손길이 쏟아졌다.

읽 기

★ **다음은 '광고 유형'에 대한 글입니다. 다음을 읽고 질문에 대답해 보십시오.**

오늘날 우리는 광고의 홍수 속에서 살아가고 있다. TV, 신문, 잡지, 라디오, 간판, 대중교통, 영화, 인터넷, 휴대전화 등 다양한 매체를 통해 쏟아지는 광고물들은 우리들의 생활 방식을 크게 바꾸어 놓았다. 광고를 통하지 않고 상품을 알리는 것은 생각할 수 없으며 기업의 이미지 광고나 공익 광고는 물론 정치 활동까지도 광고 없이는 불가능하게 되었다.

다음은 일반적으로 많이 활용되는 광고 유형으로, 광고의 내용과 방식에 따라 여섯 가지로 분류하였다. 광고는 소비자들의 구매욕을 자극해서 소비를 유도하는 것이 목적이기 때문에 이들 유형을 잘 살펴보면 제작자의 광고 전략을 알 수 있다.

㉮ 비교 광고

비교 광고는 자기 회사 제품의 특성을 강조하기 위해 경쟁사의 제품과 비교함으로써 자사 제품의 우수성을 표현하는 광고이다. 광고 중에 M 사의 마스코트가 K 사의 햄버거를 주문하고 있는 햄버거 광고가 있는데, 마스코트도 경쟁사의 햄버거를 찾을 만큼 맛있다는 것을 재미있게 표현한 광고이다.

㉯ 위협 광고

위협 광고는 불안이나 공포심을 조성하여 제품이나 전달하려는 메시지에 대해 소비자들의 관심을 유도하는 광고이다. 이 광고는 흡연이 나뿐만 아니라 다른 사람의 목숨도 빼앗아 갈 수 있다는 내용으로, 보는 사람들에게 위협적인 느낌과 함께 경각심을 불러일으킨다.

㉰ 유머 광고

유머는 소비자로 하여금 광고 메시지에 대한 호감을 가지게 하고 그것은 곧 브랜드에 대한 호감으로 이어져 광고의 효과를 높인다. 이 광고는 사자의 갈기가 샴푸 사용 후 부드러운 머릿결로 바뀌었음을 보여 주는 샴푸 광고로 유머와 함께 제품의 우수성을 잘 표현하고 있다.

㉱ 온정 광고

온정 광고는 가족, 어린이, 부모, 연인 등을 대상으로 사랑, 우정, 효도 등 온화하고 친근한 정서를 표현하는 광고이다. 이 광고는 섬 지역 어린이들을 위해 어느 기업에서 마련한 희망 콘서트 광고로 "이들의 희망 연주 소리가 들리나요?"라는 문구는 사람들로 하여금 따뜻한 '정'을 느끼게 해 준다.

마 티저 광고

티저(teaser) 광고는 신제품 출시 때 소비자들의 관심을 끌기 위한 방법으로 사용되는 광고이다. 이 광고는 소비자들에게 호기심을 제공하면서 광고 메시지에 대한 높은 관심과 함께 후속 광고의 도입 구실도 한다. 즉 광고 효과를 높이기 위해 정식으로 제품이 나오기 전까지 제품의 일부분만을 보여 주거나 불완전한 정보만을 제공하여 소비자들의 호기심을 최대한 자극한다. 이 광고에서 화면의 한쪽은 여백으로 처리되어 있고 여자는 무언가를 보고 놀란 표정을 짓고 있다. 무엇을 광고하고 있는지 알 수 없는 상황이 소비자들의 궁금증을 유발하고 있다.

바 증언 광고

증언 광고란 제품의 장점, 이미지, 품질 등을 생산자의 입장이 아닌 소비자의 입장에서 대중에게 전달하는 방식을 말한다. 실제 사용하고 있는 일반인이나 유명인을 내세워 제품의 우수성에 대해 홍보하는 것이다. 이 광고는 화상품 광고로, 한 어싱이 직접 체힘한 깃을 증언하듯이 말하고 있다.

1. 다음 광고는 '광고 유형' 중에서 어느 것에 해당합니까? 그리고 이 광고를 통해서 전달하고자 하는 메시지는 무엇입니까?

(1) 광고 대상에 대한 정보나 설명 없이 '○○야, 사랑해'라는 문구가 적힌 벽보만 등장하여 화제를 모은 한 인터넷 사이트의 광고

(2) 실제로 머리숱이 없어 고민하던 한 연예인이 가발을 착용하면서 자신감을 갖게 되는 내용의 광고

(3) A 택배 회사가 경쟁사인 B 택배 회사의 택배물을 자사의 택배로 보내는 광고

(4) 단란한 가족의 모습과 동시에 아버지가 술에 취한 상태에서 음주 운전을 하는 모습을 보여 주는 광고

(5) 기업이 앞장서서 소외된 지역의 어려운 사람들에게 무료 급식을 해 주는 장면이 담긴 광고

(6) 큰 밥그릇에 밥을 비벼 먹고 있던 여자가 남자 친구로부터 화상 전화가 걸려오자 황급히 먹던 밥을 숨기고 막 자려던 참이었다고 거짓말을 하는 내용의 광고

2. '티저 광고'에 대해서 잘못 설명하고 있는 것은 무엇입니까? (　　)

① 일반적으로 이 광고가 먼저 나온 후 정식 광고가 나온다.

② 이 광고는 소비자들의 궁금증과 호기심을 불러일으킨다.

③ 이 광고는 무엇을 홍보하고 있는지 알 수 없는 경우가 많다.

④ 이 광고는 소비자들로부터 제품의 우수성을 인정받은 경우에만 사용한다.

관용표현 ⑭

한자성어	의미
고진감래(苦盡甘來)	고생 끝에 좋은 결과가 오다.
당연지사(當然之事)	매우 당연한 일이다.
명실상부(名實相符)	이름과 실상이 서로 꼭 맞는 데가 있다.
승승장구(乘勝長驅)	하는 일이 계속해서 잘되다.
천신만고(千辛萬苦)	온갖 어려운 일을 다 겪으며 몹시 고생하다.

1. 다음 상황과 관련 있는 한자성어를 말해 보십시오.

(1) 한국에 유학 와서 공부하면서 아르바이트도 하느라 힘들었는데 고생 끝에 낙이 온다고 한국 대기업에 취직을 하게 되었다.

(2) K 씨를 지식인이라고 부르는 이유는 그가 한국의 명문대를 나와 2년 만에 외국 박사 학위를 받았기 때문만은 아니다. 그는 지식인으로 갖추어야 할 올바른 비판 정신과 리더십을 가졌기 때문에 진정한 의미의 지식인이라 할 수 있다.

(3) 그 연예인은 가수로서도 크게 성공을 했을 뿐만 아니라 출연하는 드라마, 영화마다 뛰어난 연기력을 선보여 큰 인기를 끌고 있다. 또한 이번에 새로 시작한 예능 프로그램 MC로도 좋은 평가를 받고 있다.

(4) 어려울 때 이웃끼리 서로 돕는 것은 당연한 것이다.

(5) 등산을 하러 갔는데 갑자기 폭우가 내려서 온갖 고생 끝에 겨우 산에서 내려올 수 있었다.

2. 한자성어를 넣어서 다음을 완성해 보십시오.

(1) 뜬눈으로 밤을 새우면 다음 날 피부가 칙칙해 보이는 것은 ________ 이다.

(2) 정우는 명문 대학을 졸업한 후 어려움 없이 대기업에 취직했다. 그리고 입사한 지 얼마 되지 않아 곧바로 승진을 했고 우수 사원으로도 뽑혔다. 친구들은 이렇게 ________ 하는 정우를 모두 부러워했다.

(3) 한국은 60년 전만 해도 전쟁의 폐허 속에서 다른 나라의 도움을 받던 나라였다. 하지만 이제는 다른 나라에게 도움을 주는 나라가 되어 ________ 한 원조국으로서 국제 사회에서도 당당하게 제 역할을 하고 있다.

(4) 나는 요즘 박사 학위 논문을 쓰느라 아침부터 밤늦게까지 학교 도서관에서 공부하고 있다. 지치고 힘들 때가 많지만 ________ (이)라는 말처럼 어려운 시절이 지나가면 좋은 때가 올 것이라고 믿고 최선을 다하고 있다.

(5) 동국대 농구부는 지난 30일 남산대학과의 경기에서 ________ 끝에 85:80으로 승리했다. 주전 선수의 퇴장과 부상 등 여러 악조건 속에서도 선수들은 최선을 다해 값진 승리를 얻었다.

3. 배운 표현을 사용해서 대화 또는 짧은 이야기를 만들어 보십시오.

02

말하기

1. 다음은 공익 광고입니다. 광고에 맞는 제목을 찾아 연결해 보고 전달하고자 하는 메시지가 무엇인지 설명해 보십시오.

일회용 나무?	인터넷 언어, 교정이 필요하시군요.	조금만 바꾸면~
이런 모습, 상상은 해 보셨나요?	돈이라면 남기시겠습니까?	키를 뽑으면 저금통이 됩니다.

(1)

(2)

(3)

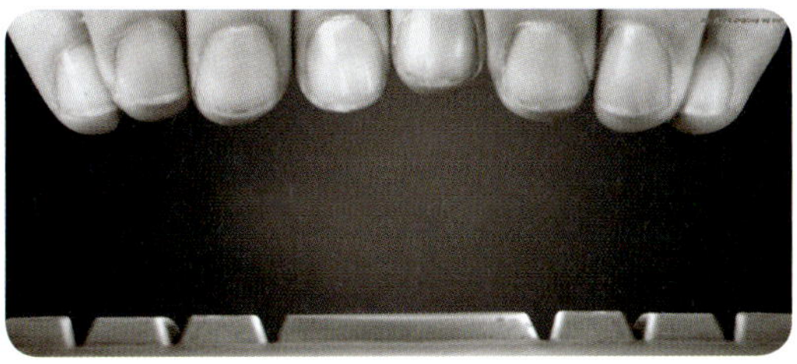
(4)

(5)

(6)

2. 광고의 긍정적 기능과 부정적 기능에는 어떤 것이 있는지 쓰고 이야기해 보십시오.

- **긍정적 기능:** 정보 제공,
- **부정적 기능:** 충동구매,

확장하기

1. 다음 어휘 또는 표현의 의미를 알아보고 제품에 대해 이야기해 보십시오.

[효능·효과] 기침, 가래
[용법·용량] 성인 1일 3회, 1회 1캡슐씩 식후 30분에 복용한다.
[사용상의 주의 사항]
- 복용 전 의사·약사와 상의할 것
- **복용 시 주의 사항**: 다른 감기약, 해열진통제 등과 동시에 복용하지 말 것
- **부작용**: 발진, 구토, 변비, 식욕부진, 현기증
- **보관 방법**: 밀폐 용기, 실온 보관

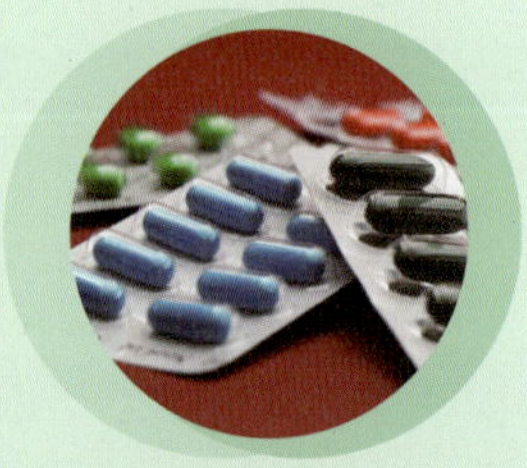

- **고객 만족 팀**: 수신자 요금 부담 080-940-1234
- **보관 방법**: 직사광선을 피하고 건조하고 서늘한 곳에 보관하십시오.
- **반품 및 교환**: 본사, 각 공장, 영업소

- **유통기한**: 후면 표기일까지
- **식품의 유형**: 과자
- **원재료명 및 원산지**: 밀(미국산), 감자(국산)
- **사용 또는 보존 기준**: 흡습되기 쉬운 제품이므로 개봉 후 바로 드십시오.
- 부정·불량 식품 신고는 국번 없이 1399

2. 다음 내용과 관계있는 표현을 위에서 찾아보십시오.

(1) 포장지 뒤에 이 제품을 언제까지 먹을 수 있는지 적혀 있다.
(2) 제품에 문제가 있으면 구매한 곳에 가서 환불받을 수 있다.
(3) 이 약을 먹을 때 열 내리는 약과 같이 먹지 않는다.
(4) 제품에 문제가 생겨서 전화할 경우 전화비를 내지 않는다.
(5) 이 제품은 습기를 잘 빨아들이므로 포장지를 뜯으면 빨리 먹는 것이 좋다.
(6) 이 제품은 햇빛이 들지 않고 습하지 않으며 조금 찬 곳에 보관하는 게 좋다.
(7) 이 약을 먹은 후 이상 증상으로 몸에 빨간 반점이 생기거나 입맛도 없고 어지러울 수 있다.

영화 ❶ 〈국제시장〉

★ **다음은 〈국제시장〉에 나오는 역사적인 사건들입니다. 아래 내용을 읽고 해당 역사적 사건을 빈칸에 써 보십시오.**

1.

1950년 6월 25일 일요일 새벽 한국에서 발생한 비극적인 사건이다. 3년 1개월간 계속되었으며 1953년 지금의 휴전선을 경계로 휴전이 되었다. 이로 인해 수만 명의 사상자가 발생했으며 천만 명이 넘는 이산가족이 생겼다.

2.

한국 전쟁 중 남한과 UN 연합군이 북한과 중공군에 밀려 후퇴를 결정한 후 미군, 한국군, 군사 물품을 남쪽으로 옮기는 일이 시작되었다. 메러디스 빅토리호는 선장의 결단에 따라 배 안에 실려 있던 무기를 전부 배에서 내리고 피난민 1만 4천여 명을 태워 남쪽으로 이동시키는 데 성공함으로써, 가장 많은 사람을 태우고 항해한 배로 기네스북에 등재되었다. 또한 비좁은 배에서 5명의 새로운 생명이 태어났다.

3.

1963년부터 1980년까지 실업 문제 해소와 외화 획득을 위해 한국 정부에서 독일(서독)에 파견한 광부와 간호사를 말한다. 1963년 광부 500명 모집에 4만 6천여 명이 지원할 정도로 당시 한국의 실업난은 심각한 상태였다. 3년 계약의 광부들에게는 매월 600마르크(160달러)의 높은 수입이 보장되었지만 실제 그곳에서의 상황은 여러 가지로 열악했다. 하지만 광부와 간호사가 보낸 외화 덕분에 대한민국의 경제에는 큰 도움이 되었다.

4.

한국방송공사(KBS)가 1983년 6월 30일부터 11월 14일까지 무려 138일에 걸쳐 453시간 45분 동안 생방송으로 특별 프로그램을 진행하여 헤어져 있던 1만 189명의 가족들이 만났다. 관련 기록물들은 2015년 10월 9일 유네스코 기록유산으로 등재되었다.

★ 영화 〈국제시장〉에 대한 자료를 찾아보고 아래 표를 완성한 후 이야기해 보십시오.

장르	
개봉	
상영 시간	
감독	
배우	
평점	관람객/네티즌: , 평론가:
줄거리	

M.E.M.O

종합과제 7

01 보고서 ❼ 결론, 참고 문헌

02 기사 발표 ❼ 경제

보고서 ❼ 결론, 참고 문헌

보고서 ❶	주제 선정	보고서 ❷	목차 쓰기
보고서 ❸	자료 검색, 인용	보고서 ❹	예비 발표
보고서 ❺	서론	보고서 ❻	본론
보고서 ❼	결론, 참고 문헌	보고서 ❽	초록 발표

★ 결론 쓰기

1. 결론의 구성

- 요약 및 결론: 전체 내용 중 핵심적인 부분을 요약 및 정리
- 강조: 주장을 분명히 하면서 자신의 입장을 한 번 더 강조
- 필요: 현재 문제점과 관련하여 앞으로의 대책이나 대안의 필요성 언급
- 전망: 자신의 주장을 바탕으로 미래 예측 및 전망 제시

결론의 예

지금까지 클래식 음악의 역사, 효과와 교육의 필요성**에 대해서 알아보았다. 요컨대,** 기원전 500년부터 시작된 클래식 음악은 르네상스에서 시작하여 바로크, 클래식, 그리고 낭만주의 시대를 통해 모차르트, 바흐, 베토벤과 같은 훌륭한 작곡가가 많이 배출되었으며 클래식 음악의 진화로 인해 여러 가지 음악적 기교, 표현과 악기가 도입되면서 사회 전반에 영향을 미치기 시작했음을 **알 수 있었다.** (중략) 마지막으로, 클래식 음악의 제대로 된 이해를 도울 수 있을 뿐만 아니라, 생활 속 중요한 기술을 연마하며, 사회를 발전시킬 수 있다는 측면에서 클래식 음악 교육의 필요성에 대하여 자세히 알아보았다.	◘ 요약 및 결론
교육의 중요성 자체를 부정하는 사람은 드물지만 클래식 음악을 과소평가하는 사람은 많다. 앞서 살펴본 바와 같이, 클래식 음악 교육이 아이들의 성장 발달에 큰 도움이 된다는 사실을 알 수 있다. 따라서 초·중·고등학교에서 클래식 음악 교육을 필수 과목으로 **제공하는 것이 매우 중요하다고 본다.** 그뿐만 아니라 저소득 가정 학생들의 경우 경제적 부담을 완화해 주는 방안으로 정부는 클래식 음악 시원 정책을 도입·시행해야 한다. 특히, 공립학교를 위해 정부와 교육기관은 음악 수업비나 악기 등을 후원해야 한다. 이로 인해 아이들이 클래식 음악 교육을 받게 된다면 미래 사회에서 요구되는 다양한 기술들을 습득할 수 있을 것이다. **따라서** 교육자는 학생들에게 음악 교육을 제공해 줄 **필요가 있다.**	◘ 강조 ◘ 필요
아이들뿐만 아니라 나이와 성별을 불문하고 모든 사람들이 클래식 음악에 더 많은 신경을 써야 한다. 클래식 음악이 신체적, 심리적 병을 치료하는 사례들을 분석하여 관련 분야 치료에 알맞게 **이용한다면** 의학 분야에도 지대한 **영향을 미칠 것이다.** 게다가 의학 분야 외에도 클래식 음악을 자가 치료로 활용하는 것 또한 좋은 결과를 **가져올 수 있을 것이다.** (미칼)	◘ 전망

2. 결론에서 자주 사용하는 표현

	표현
요약 및 결론	지금까지 -에 대해 알아보았다 요컨대 -을/를 알 수 있었다 따라서 -아야/어야 한다 -(으)려면 무엇보다도 -아야/어야 한다 -(으)면 -게 된다 -은/는 좋은(나쁜) 결과를 가져올 수 있다 이렇듯 -은/는 -아/어 주어야 한다
강조	-는 것이 매우 중요하다 -(ㄴ/는)다는 점에서 그 중요성이 크다고 할 수 있다
필요	-는 상황(상태)에서는 -이/가 필요하다 -이/가 -에서는 필요하다는 것이다 -아야/어야 할 것이다 -지 않으면 안 된다
전망	-(으)로 말미암아 -(으)ㄹ 것이다 -(으)ㅁ으로써 -(으)ㄹ 것이다

3. 결론 쓰기 연습

보기

블록체인이 사회에 미치는 영향

1. 서론

2. 블록체인
   2.1. 블록체인의 정의
   2.2. 블록체인의 특징
   2.3. 활용 분야

3. 블록체인이 사회에 미치는 영향
   3.1. 긍정적인 영향
   3.2. 부정적인 영향

4. 결론

참고 문헌

지금까지 블록체인의 개념과 특징 그리고 활용 분야 등에 대해서 알아보았다. 요건대 블록체인은 인공지능, 유전자 가위, 로보틱스 등과 함께 미래 세상을 바꿀 핵심 기술임을 알 수 있었다. 이와 같이 미래 학자들이나 기술 전문가들이 블록체인에 대해 큰 기대를 하는 이유는 거래의 확실성, 안전성, 그리고 이중거래의 원천 차단을 보장할 수 있다는 특성 때문이다. 현재 다양한 국가와 중앙은행에서 국제 규모의 블록체인에 관심을 갖고 있다고 한다. 이처럼 블록체인은 4차 산업 혁명을 대표하는 핵심 기술 중 하나로서 우리 사회에 큰 영향을 미친다는 점에서 그 중요성이 크다고 할 수 있다. 따라서 앞으로 금융 분야에서뿐만 아니라 다른 다양한 분야에서도 블록체인 기술을 충분히 활용하게 될 것으로 전망된다.

(상관자봉)

연습

참고 문헌 작성

1. 참고 문헌

참고 문헌은 조사나 연구를 위해 참고한 서적이나 문서를 말하며 알맞은 양식과 제시 순서에 맞추어 작성해야 한다. 참고 문헌은 참고한 자료의 출처를 밝힐 뿐만 아니라 다른 연구자에게 도움을 준다는 점에서 중요하다.

2. 참고 문헌의 작성 방법

참고 문헌

김덕중(2017), 2017 글로벌 한류 트렌드, 한국문화산업교류재단.
______(2017), 한류 메이커스: 대한민국 한류산업론, 한류문화산업교류재단.
김헌식(2016), 대중문화 트렌드 2017: 가장 핫한 트렌드의 최전선, 마리북스.
박낙종(2017), 베트남 문화의 길을 걷다, 참.
변종은(2018), 빅데이터 기반 한류산업 트렌드 분석과 성장전략, 동국대학교 석사학위논문.
Hall, Edward(2000), 침묵의 언어, 최효선 역, 한길사.
Patrick, R. Morgan(2004), Teaching Culture: Perspectives in Practice, Heinle ELT.
SM TOWN, https://www.smtown.com/ (검색일: 2019년 8월 7일).

- 참고 문헌은 보고서 끝에 제시한다.
- 한국어로 출간된 책을 먼저 제시한 후 외국어로 출간된 책을 제시하며, 한국 책은 한글 '가나다' 순서로, 영어로 출간된 책은 영어 알파벳 순서로 제시한다.
- 같은 저자의 책이 두 권 이상일 경우 연도 순서대로 제시하며 두 번째 책부터는 저자명을 쓰지 않고 밑줄을 그어 표시하는 것이 일반적이다.

3. 자료 유형별 참고 문헌 작성 방법

(1) 단행본

저자명(연도), 책 제목, 출판사명.

박낙종(2017), 베트남 문화의 길을 걷다, 참.

(2) 외국 서적

저자명(연도), 책 제목, 출판사명.

Patrick, R. Morgan(2004), Teaching Culture: Perspectives in Practice, Heinle ELT.

(3) 번역 서적

① 원저자명(연도), 책 제목, 출판사명[역자명 역(연도), 책 제목, 출판사명].

② 원저자명(연도), 번역서 제목, 번역자 이름, 출판사명.

① Patrick, R. Morgan(2004), Teaching Culture: Perspectives in Practice, Heinle ELT [정동빈, 남은희, 황선유, 이명관 역(2004), 문화교육, 경문사].

② Hall, Edward(2000), 침묵의 언어, 최효선 역, 한길사.

(4) 학술지 논문

저자명(연도), 논문 제목, 학술지명, 권호수, 학회명, 쪽수.

최은경(2010), 한국어 교육을 위한 한국어와 크메르어의 대조 분석 연구, 한국어 교육, 22-1, 국제한국어교육학회, 257-278쪽.

최정선 · 이경주 · 연준흠(2015), 한국어 교실에서 소수언어권 학습자의 적응 및 부적응 요인 분석, 외국어로서의 한국어교육, 42, 연세대학교 언어연구교육원 한국어학당, 415-417쪽.

(5) 학위 논문

저자(연도), 논문 제목, 대학 및 학위.

전종영(2011), 중국인 한국어 학습자를 대상으로 한 문화체험학습 요구 분석과 적용 방안 연구, 이화여자대학교 교육대학원 석사학위논문.

(6) 인터넷 자료

저자명(연도), 글 제목, 신문사/사이트명, 웹 주소 (검색일: YYYY년 M월 DD일).

이성진(2018), 고운사 자비 나눔 기금 1,000만 원 전달, 불교신문, http://www.ibulgyo.com/news/articleView.html?idxno=170875 (검색일: 2018년 12월 27일).

(7) 영상 자료

<자료 제목>(영문 제목, 연도), 감독: 감독 이름.

<신과 함께>(Along with the Gods: The Last 49 Days, 2017), 감독: 김용화.

<콜 미 바이 유어 네임>(Call Me by Your Name, 2017), 감독: 루카 구아다니노.

4. 참고 문헌 작성 연습

다음 정보를 보고 참고 문헌을 작성해 보십시오.

(1)

행복의 기원 : 인간의 행복은 어디서 오는가
서은국

자료유형	단행본
서명/저자사항	행복의 기원: 인간의 행복은 어디서 오는가/ 서은국 지음.
개인저자	서은국
발행사항	파주: 21세기북스: 북이십일, 2018(c2014).
형태사항	205 p.: 삽도, 도표; 21 cm.
총서사항	KI신서;5635.
기타표제	생존과 번식, 행복은 진화의 산물이다.
ISBN	9788950955779
서지주기	참고문헌: p. 193-[206]
분류기호	152.42
언어	한국어

서평쓰기
도서상세정보

➡

(2)

외국인 유학생의 진로계획 영향 요인 분석 : 서울대학교 재학생을 중심으로

- 기타서명 Factors influencing international students' career plans in Korea
- 저자 임희진
- 형태사항 viii, 101 p. : 삽화 ; 26 cm
- 일반주기 참고문헌 수록
- 학위논문사항 학위논문(석사)-- 서울대학교 대학원 : 교육학과 2014. 2
- DDC 370 22
- 발행국 서울
- 출판년 2014
- 주제어 고등교육 국제화, 학생 이동, 한국유학, 외국인 유학생, 진로계획

➡

(3)

4차 산업혁명이 문화산업에 미치는 영향에 관한 연구
= A Study of The 4th Industrial Revolution's Impact on Cultural Industry

- 제어번호 105093868
- 저자명 변재웅(Byun, Jae-Woong)
- 학술지명 문화산업연구
- 권호사항 Vol.17 No.3 [2017]
- 발행처 한국문화산업학회
- 자료유형 학술저널
- 수록면 109-118(10쪽)
- 언어 Korean
- 발행년도 2017년
- 등재정보 KCI등재

➡

(4)

한국의 노인복지제도 개선 방안에 관한 연구 -독일 노인복지제도를 중심으로-
= A Study on an Improvement Plan for Elderly Welfare System in Korea

- 제어번호 100681840
- 저자명 이주은 (Ju Eun Lee) ,박명숙 (Myung Suk Park)
- 학술지명 유라시아연구(The Review of Eurasian Studies)
  학술지 이력 학술지 인용정보
- 권호사항 Vol.9 No.4 [2012]
- 발행처 아시아·유럽미래학회(Asia-Europe Perspective Association)
- 자료유형 학술저널
- 수록면 379-412(34쪽)
- 언어 Korean
- 발행년도 2012년
- 등재정보 KCI등재

➡

(5)

https://www.yna.co.kr/

2019.06.11 (화) 국가기간뉴스통신사 연합뉴스

최신기사 정치 북한 산업/경제 금융/증권 IT/과학 사회 전국 연예 문화 스포츠 세계

최신기사

금감원, 대학 신입생 금융교육

송고시간 | 2019-02-10 12:00

(서울=연합뉴스) 박의래 기자 = 금융감독원이 대학 신입생을 대상으로 금융교육을 한다고 10일 밝혔다.

금융교육은 오는 11일부터 3월 28일까지 28개 대학(48개 학부·학과)에 특강 또는 금융교육 교재를 배포하는 방식으로 진행된다.

교육 내용은 학자금 대출이나 신용관리 방법, 대학생 대상 금융사기 피해 예방, 기초 금융 지식 등이다.

➡ ________________________________

https://www.yna.co.kr/ (검색일: 년 월 일).

기사 발표 ❼ 경제

1. 경제 관련 어휘입니다. 알맞은 어휘를 골라 문장을 완성해 보십시오.

부도	세금	수출	대출	투자
적자	금융기관	블루칩	인플레이션	임금 피크제

(1) ________ 이/가 도입되기 시작하면서 일을 계속 할 수 있는 고령자들이 늘어나고 있다.

(2) 정부는 국민들로부터 ________ 을/를 받아 국가를 운영한다.

(3) 물가가 일정 기간 동안 지속적으로 올라가는 현상을 ________ (이)라고 한다.

(4) 작년 한 해, 미국 ________ 은/는 감소하고, 수입은 증가하여 무역 ________ 이/가 13% 증가하였다.

2. 다음 헤드라인을 읽고 기사 내용을 추측해 보십시오.

부도 위기 이겨내고 매출 300억대 기업으로 성장

2030 사회 초년생 '빛보다 빠르게 늘어난 빚' … 평균 대출 3,391만 원

박항서 신드롬 타고 베트남 투자 활활

베네수엘라 내년 인플레이션 1,000만% 예상

차은우, '강남 미인' 찍고 광고계 블루칩 우뚝

3. 다음 기사를 읽고 자신의 의견을 이야기해 보십시오.

학교 밖 청소년에 대한 기본 수당 지원 논란

기본 수당은 학생의 권리
부당하게 사용될 우려

서울시 교육청에서 '학교 밖' 청소년에게 매달 10만~20만 원의 수당을 지급할 계획이라고 밝혔다. '학교 밖' 청소년이란 학교를 계속 다니지 못하고 자퇴했거나 퇴학 당한 만 9세~18세의 학생을 말한다. 지급 받은 교육 수당은 도서 구매나 학원 강의 수강 등의 교육비와 전시회, 박물관, 영화 관람 등의 문화 체험비, 교통비, 식비로 사용할 수 있다. 지원금은 교재 및 도서 구입비 3만 원, 온라인 학습비 및 학원 수강료 5만 원, 진로 개발을 위한 문화 체험비 3만 원, 식비 7만 원, 교통비 2만 원 등으로 매월 최대 20만 원씩 개인 통장으로 입금된다.

교육청에서는 매년 약 5만 명 내외의 청소년이 학교를 그만두고 있으며 그 비율도 최근 3년간 계속 증가하고 있다고 밝혔다. 이 정책을 시행하는 목적은 학교 밖 청소년이 학교로 복귀하거나 학교 밖에서도 학업을 지속적으로 할 수 있도록 하자는 것이다. 또한 교육청 관계자는 "만 6세 미만은 아동 수당을, 서울에 거주하는 만 19세에서 29세 이하의 미취업 청년은 청년 수당을 받는다."며 "학교 밖 청소년이 열악한 환경에 내몰리지 않게 하기 위해 기본 수당 지급이 필요하다."고 밝혔다.

그러나 수혜자의 학업 의지가 불확실하고, 부당하게 사용될 수 있으며, 교육 수당 지급이 오히려 학업 중단을 부추길 수 있다는 우려의 목소리도 나오고 있다.

4. 경제와 관련된 기사를 검색하여 기사 내용과 자신의 의견을 발표해 보십시오.

15과

세계의 축제

도 입

1. **다음은 세계의 유명한 축제들입니다. 무엇을 위한 어떤 축제일지 추측해 보십시오.**

(1) 영국, 새해맞이
(1월 1일)

(2) 인도, 홀리 축제
(힌두력으로 1월 1일)

(3) 태국, 송끄란 축제
(태국력으로 1월 1일)

(4) 독일, 맥주 축제
(9월 말~10월 초)

(5) 스페인, 토마토 축제
(8월 마지막 수요일)

(6) 한국, 화천 산천어 축제
(1월)

(7) 일본, 삿포로 눈 축제
(2월 초)

(8) 중국, 하얼빈 빙등제
(1월 5일~2월 5일)

(9) 몽골, 나담 축제
(7월 11일~13일)

2. **위의 축제 중에서 어느 축제에 제일 가 보고 싶은지 이야기해 보십시오.**

어 휘

★ **다음 어휘 또는 표현의 의미를 알아보고 아래 문장을 완성해 보십시오.**

계급	밀접하다	초월하다	끼얹다	억압
각계	묵은해	다짐하다	공식적	신년

1. 작은 불이 났을 경우 물을 ________ 거나 이불같이 두꺼운 것을 덮어 공기를 차단하면 된다.

2. 우리는 과거 ________ 와/과 탄압 속에서도 이에 굴하지 않고 어려운 일이 있을 때마다 힘을 모아 잘 이겨 낸 민족이다.

3. 그 학생의 발표가 얼마나 창의적으로 잘 구성된 완벽한 발표였는지 말로 다 표현할 수가 없다. 참석한 모든 이의 예상을 ________

4. 군대에서는 ________ 의 높고 낮음이 매우 중요한데, 병장까지는 개인의 능력과 상관없이 복무 기간에 따라 명령 체계가 결정되는 것이다.

5. 글을 쓰는 것은 글을 읽는 것과 ________ (으)ㄴ/는 관련이 있다. 글을 많이 읽는 것이 글을 잘 쓰는 데에 큰 보탬이 된다.

6. 아직은 그 자리에 누가 앉게 될지 ________ (으)ㄴ/는 발표가 나지는 않았으나 모두들 짐작은 하고 있다.

7. 추운 날씨에도 불구하고 사람들이 해맞이를 가는 이유는 새해에 처음으로 떠오르는 해를 바라보며 ________ 을/를 보내고 새해를 맞이하는 순간을 중요하게 생각하기 때문이다.

8. 그는 어떠한 상황에서도 거짓을 행하지 않을 것이며 조직을 합리적으로 운영하기 위해 노력할 것을 여러 사람 앞에서 ________

9. 새해를 맞이하는 ________ 행사를 위해서 사람들은 연말부터 여러 가지 준비를 다양하게 한다.

10. 졸업을 축하하기 위하여 ________ 의 인사들이 졸업식에 초대되어 왔다.

읽 기

★ 다음은 세계의 다양한 새해맞이 축제를 소개하는 글입니다. 다음을 읽고 질문에 답해 보십시오.

㉮ 한국의 새해맞이

한국에서는 12월 31일에서 1월 1일이 되는 순간 서울 종로 보신각에서 33번의 종을 치며 새해가 시작됨을 축하한다. 서울시장을 비롯한 각계 인사와 추천을 받은 시민 대표들이 '보신각 타종 행사'에 참여한다. 한겨울 쌀쌀한 날씨에도 불구하고 묵은해를 보내고 새해 첫 순간을 함께 맞이하고자 해마다 10만여 명의 사람들이 모이곤 한다.

1월 1일의 중요한 행사 중 하나로 해맞이도 있다. 새해 첫 해가 떠오르는 것을 잘 볼 수 있는 장소를 택하여, 떠오르는 해를 바라보며 새해 소원을 빌고 한 해 계획을 다짐하는 것이다.

이렇게 양력 1월 1일 역시 공식적으로 한 해를 시작하는 날로서 가장 큰 명절 중의 하나인 음력 1월 1일 설날과 더불어 큰 의미를 갖는다. 한국에서는 새해맞이를 두 번 하는 셈이다.

㉯ 인도의 홀리 축제

인도의 신분 제도인 카스트 제도는 브라만(사제 계급), 크샤트리아(왕족이나 무사), 바이샤(농민이나 목축민, 상인 등), 수드라(원주민 노예) 등 4개의 계급으로 되어 있는데 각각의 계급은 하얀색, 빨간색, 노란색, 검정색으로 상징된다. 인도어 '바르나'는 계급을 뜻하는 단어인데, 동시에 '색'이라는 의미도 포함하고 있다. 이처럼 인도에서는 계급과 색이 밀접한 관계가 있다.

엄격한 신분 사회의 전통을 보여 주는 카스트 제도와 달리 평등과 자유의 염원을 표출하는 전통도 있다. 인도에서는 1년에 한 번 계급을 초월한 축제가 열리는데 이것이 바로 '홀리'이다. 홀리 축제는 새해가 되었음을 축하하는 행사로 1월 1일 새벽이 되면 사람들은 신분이나 남녀 구별 없이 색 가루와 색 물을 서로 끼얹으며 일상의 억압에서 벗어나 해방감을 만끽한다. 서로 끼얹은 다양한 색들이 섞이면서 무엇이라고 말로 표현할 수 없는 색이 만들어지고 그 색에 모두가 물들면서 신분의 색도 사라진다. 참여한 모든 사람이 여러 색으로 섞여 신분의 차이를 잊는 것이다.

다 태국의 송끄란

송끄란은 '자리 이동', 즉 태양이 새 별자리로 이동하는 것을 의미하는 태국의 새해맞이 축제이다. 즉, 태국의 설날인 셈인데 4월 13일에서 4월 15일까지 3일간 축제가 계속되며 공휴일로 지정되어 있다. 원래는 순수하게 신년을 축하하는 행사로 가족이 한집에 모여 불상을 깨끗이 하는 행사를 하거나 어른들의 손에 물을 뿌려 드린다. 이것은 효도를 표현하는 하나의 방법인 동시에 축복을 드린다는 의미를 담고 있다. 현재는 설날이라는 의미보다는 축제라는 색채가 강하다. 가장 무더운 이 시기에 시원하게 물을 뿌리는 것은 더위를 잊는 동시에 한 해 동안의 나쁜 일도 씻어 내기 위함이다.

이러한 축제는 미얀마, 라오스, 캄보디아 등에서도 이어져 오고 있다.

1. 한국은 새해맞이를 두 번 한다고 볼 수 있는데, 그 두 번의 새해맞이는 언제이며 어떤 의미인지 써 보십시오.

한국의 새해맞이	날짜	의미
첫 번째		
두 번째		

2. 인도의 홀리에서 '색'은 중요한 의미를 가진다고 볼 수 있습니다. 다양한 색으로 어우러지는 것이 무엇을 의미하는지 위 글에서 찾아 쓰십시오.

3. 태국의 송끄란은 어른의 손에 물을 뿌리는 행사를 하는데 이것은 어떤 의미입니까?

4. 여러분 나라의 새해맞이는 어떤 모습입니까? 위 글에 소개된 세 경우와 비교하여 설명해 보십시오.

관용표현 ⑮

관용어	의미
꿔다 놓은 보릿자루	같이 어울리거나 말을 하지 않고 가만히 있는 사람
눈엣가시	미워서 보기가 싫은 사람
물과 기름	서로 어울리지 못하는 사이
빙산의 일각	겉으로 드러난 부분은 극히 일부분에 지나지 않음
옥에 티	훌륭하고 좋은 가운데 눈에 띄는 작은 흠이나 오류

1. 다음 상황과 관련 있는 관용어를 말해 보십시오.

(1) 과장님과 부장님은 성격이 너무 달라서 만나기만 하면 다툼이 생긴다.

(2) 드라마에서 주인공이 전화하면서 분노하는 장면이 인상적이었는데 휴대폰을 거꾸로 들고 있어서 웃음이 나왔다.

(3) 최근 교육계에 드러나는 문제점은 한 단면일 뿐이고 많은 문제점들이 쌓여 있다.

(4) 고교 동창회에서 다들 즐겁게 웃고 이야기하는데 나는 할 말이 없어 가만히 있었다.

(5) 일은 열심히 안 하고 윗사람에게 잘 보이려고만 하는 신입 사원은 미움 받는 존재가 될 수도 있다.

2. 관용어를 넣어서 대화를 완성해 보십시오.

(1) **가** 이 대리는 ______________ 같아.
나 회의에 와서 저렇게 말 안 하고 있을 거면 왜 회의하러 오는지 모르겠어요.

(2) **가** 저 사극에서 다들 한복 입고 있는데 한복 밑으로 구두 신은 거 보여요? 하하하…
나 제가 좋아하는 사극인데 ______________ 이/가 보이니까 더 재미있네요.

(3) **가** 은희 씨, 은희 씨 남자 친구 옆에 있는 저 여자는 누구예요?
나 팀 프로젝트를 같이하는 과 동기인데 자주 같이 있어서 저에게는 ______________

(4) **가** 요즘 환경 오염이 너무 심각해진 것 같아.
나 맞아. 그런데 지금까지 드러난 건 ______________ 에 불과한 거야.

(5) **가** 국립 공원 내 관광용 케이블카 설치에 관한 환경부와 지방 자치 단체 간의 갈등이 해결될 조짐이 보이지 않네요.
나 이 문제에 관한 한 두 단체의 입장은 ______________ 처럼 완전히 갈리는 것 같아요.

3. 배운 표현을 사용해서 대화 또는 짧은 이야기를 만들어 보십시오.

말하기

1. 다음과 같이 여러분 나라의 대표적인 축제를 하나 선택하여 소개해 보십시오.

몽골의 나담 축제

나담 축제는 몽골의 가장 큰 축제이며 매년 여름 7월 11일부터 13일까지 열린다. 이 축제는 몽골의 독립기념일을 기념해 1922년에 시작되었다. 국가에서 주관하는 '나담 축제'는 몽골의 수도인 울란바토르에서 아주 크게 거행되며 이때에 몽골의 온 국민이 좋아하는 몽골 전통 씨름, 활쏘기, 경마 경기를 한다. 울란바토르에서만이 아니라 지역마다 '나담 축제'를 실시하기도 한다. 3일 동안 세 가지의 경기를 재미있게 보고 실컷 즐긴다.

몽흐치멕
(동국대 법학과 박사 과정)

(1) 명칭:

(2) 시기:

(3) 기원:

(4) 주요 행사:

2. 01에서 소개된 축제 중 하나를 골라 보기 처럼 취재 인터뷰를 하는 가상의 장면을 준비하여 재현해 보십시오.

보기

기　　자 여러분 안녕하십니까? 저는 지금 나담 축제가 열리고 있는 현장에 나와 있습니다. 관계자를 모시고 이야기 나눠 보도록 하겠습니다. 우선, 이 축제가 어떻게 시작되었는지에 대해서 설명 부탁드립니다.

행사 관계자 네, 나담 축제는 몽골의 독립을 기념하기 위하여 1922년에 처음으로 개최되었고 그 후로 매년 국가의 주요 행사로서 행해지고 있습니다.

기　　자 네, 그렇군요. 오늘이 7월 11일인데요. 며칠간 축제가 계속됩니까?

행사 관계자 네, 오늘부터 3일간, 그러니까 7월 13일까지입니다.

기　　자 주로 어떤 행사가 있는지 설명해 주시겠습니까?

행사 관계자 네, 몽골 사람들이 가장 좋아하는 경기인 몽골 전통 씨름, 활쏘기, 경마 등의 세 가지 경기를 하게 됩니다. 그리고 나담 축제는 이곳 울란바토르뿐만 아니라 전국 곳곳에서 행해집니다.

기　　자 그렇군요. 온 국민이 함께 즐기는 행사인 것 같습니다. 오늘 말씀 감사합니다.

확장하기

1. 다음은 한국의 국경일과 주요 기념일입니다. 날짜에 맞는 국경일 또는 기념일을 써 보십시오.

3·1절	제헌절	광복절	개천절	한글날	석가탄신일 (부처님 오신 날)
어린이날	어버이날	스승의 날	현충일	성탄절	노동절

(1) 3월 1일: ______ (2) 음력 4월 8일: 석가탄신일 (3) 5월 1일: ______

(4) 5월 5일: ______ (5) 5월 8일: ______ (6) 5월 15일: ______

(7) 6월 6일: 현충일 (8) 7월 17일: 제헌절 (9) 8월 15일: 광복절

(10) 10월 3일: 개천절 (11) 10월 9일: ______ (12) 12월 25일: ______

2. 위에서 국경일 또는 기념일을 골라 다음을 완성해 보십시오.

(1) 국경일은 국가의 경사로운 날을 기념하기 위하여 법으로 정하여 온 국민이 기념하는 날로서, 한국의 국경일은 독립 만세 운동을 했던 3·1절, 대한민국 헌법을 선포한 날인 제헌절, 국권을 회복한 날인 광복절, 단군이 나라를 세운 날인 개천절, 한글 반포일인 ______ 등이다.

(2) 종교와 관련된 기념일도 있는데, 불교의 부처님이 탄생하신 날을 기념하는 ______ 와/과 기독교의 예수님이 탄생하신 날을 기념하는 ______ 이/가 둘 다 공휴일이다.

(3) 5월은 흔히 가정의 달이라고 일컬어진다. 어린이를 위한 ______, 부모님을 위한 ______, 선생님을 위한 ______ 등이 모두 5월에 있기 때문인데, 이 중에서 어린이날만 공휴일로 지정되어 있다.

3. 여러분 나라에는 다음의 사람들을 위한 어떤 기념일이나 축제가 있는지 이야기해 보십시오.

목적	기념일/축제 이름	시기	내용
어린이를 위한 날			
부모님을 위한 날			
선생님을 위한 날			

4. 기념일 중에는 일반인들 사이에서 일정한 의미를 담아 특별한 행동을 하는 비공식 기념일도 있습니다. 다음의 기념일에 대해서 여러분 나라와 비교하여 이야기해 보십시오.

돌	성년의 날	결혼기념일	환갑	칠순

요약하기 ❹

★ 신문 사설 요약하기

택시 기사들의 '안타까운 죽음', 여기에서 멈춰야

지난 달 말 저녁에 분신한 택시 기사가 결국 새벽에 숨졌다. 고인이 남긴 녹음 유언에는 카풀(승차 공유 서비스) 도입에 반대하는 의견이 포함되어 있다고 한다. 같은 이유로 2명의 택시 기사가 한 달 안에 목숨을 잃었다. 카풀 도입 문제는 이해 관계가 복잡하게 얽힌 문제이긴 하지만, 그중 가장 약자인 택시 기사들이 극단적인 선택을 할 수밖에 없는 상황들에 대해 관심을 가져야 할 때이다.

카풀은 정보 기술 발달에 따른 시대적 변화 요구와도 관련이 있으며 이분법적으로는 풀기 어려운 정책 과제이다. 따라서 사회적 대타협 기구를 통해 종합적으로 접근하려는 정부와 정치권의 문제 해결 방식은 불가피하며 택시 업계의 적극적인 참여를 이끌어 내야 한다.

이미 카풀을 도입한 외국에서는 많은 부작용을 겪은 뒤 다양한 보완책이 나오고 있다고 한다. 시간을 두고 외국 사례들을 면밀히 살피다 보면, 부작용을 줄이고 택시 업계와 카풀 업계가 상생할 수 있는 제도가 마련될 수 있을 것으로 기대한다.

① 핵심 문장 쓰기

• 각 문단에서 중심 내용을 찾아본다.

첫째 문단	카풀 도입 문제는 이해 관계가 복잡하게 얽힌 문제이긴 하지만, 그중 가장 약자인 택시 기사들이 극단적인 선택을 할 수밖에 없는 상황들에 대해 관심을 가져야 할 때이다.
둘째 문단	사회적 대타협 기구를 통해 종합적으로 접근하려는 정부와 정치권의 문제 해결 방식은 불가피하며 택시 업계의 적극적인 참여를 이끌어내야 한다.
셋째 문단	시간을 두고 외국 사례들을 면밀히 살피다 보면, 부작용을 줄이고 택시 업계와 카풀 업계가 상생할 수 있는 제도가 마련될 수 있을 것으로 기대한다.

② 요약하기

• 각 문단의 중심 내용들을 자연스럽게 연결하여 하나의 글로 재구성한다.

택시 기사들의 '안타까운 죽음', 여기에서 멈춰야

카풀 도입 문제는 이해 관계가 복잡하게 얽힌 문제이긴 하지만 그중 가장 약자인 택시 기사들이 극단적인 선택을 할 수밖에 없는 상황들에 대해 관심을 가져야 할 때이다. **무엇보다도** 사회적 대타협 기구를 통해 종합적으로 접근하려는 정부와 정치권의 문제 해결 방식은 불가피하며 택시 업계의 적극적인 참여를 이끌어내야 한다. **또한**, 시간을 두고 외국 사례들을 면밀히 살피다 보면, 부작용을 줄이고 택시 업계와 카풀 업계가 상생할 수 있는 제도가 마련될 수 있을 것으로 기대한다.

연습 1

정신 질환자에 대한 편견 없는 세상을 꿈꾸며

한 해의 마지막 날, 외래환자의 흉기에 의해 세상을 떠난 임세원 교수는 예약도 하지 않은 환자를 진료했을 뿐만 아니라 다급한 순간에도 간호사들의 안전을 살폈다고 한다. 정신 질환자들에 대한 편견을 없애기 위해 노력해 온 그였기에 많은 사람들은 그의 죽음을 더욱 더 안타까워하고 있다.

얼마 전 응급 의료 종사자에 대한 폭행 처벌을 강화하는 응급 의료법 개정안이 통과되었으나 여전히 의료 종사자들은 위험에 노출되어 있다. 특히 환자와 의사의 일대일 대면 진료가 많고 돌발적인 위험 상황이 빈번한 정신과 진료실은 이전과 달라진 점이 없으며 비상 대피실이나 비상벨 설치 등도 여전히 의무 사항이 아닌 상태이다.

보건복지부는 정신과 진료 환경 조사와 함께 자해·가해 위험이 있는 환자의 경우 외래치료명령제를 강화할 뜻을 밝혔다. 이와 관련하여 보호자 동의 절차를 없애는 방안도 추진하겠다고 설명했다. 일각에서는 이러한 통제 강화에 대해 우려의 눈빛을 보내고 있다.

대한의협을 비롯한 많은 단체들은 이번 사건이 정신 질환자에 대한 편견을 강화하는 계기가 되어선 안 된다고 경계한다. 분명한 것은 '의료진이 안전한 환경'과 '정신 질환자들의 완전한 치료 환경'은 분리된 문제가 아니라는 점이다. 지난 20여 년간 우울증 등 불안 의학 분야에 큰 기여를 했고 한국형 표준 자살 예방 교육 프로그램 개발자로 헌신해 온 고 임세원 교수는 '자신에게 한없이 엄격하고 환자에겐 따뜻한 의사'로서 오랫동안 기억될 것이다.

① 핵심 문장 쓰기

• 각 문단에서 중심 내용을 찾아본다.

첫째 문단	
둘째 문단	
셋째 문단	
넷째 문단	

② 요약하기

• 각 문단의 중심 내용들을 자연스럽게 연결하여 하나의 글로 재구성한다.

정신 질환자에 대한 편견 없는 세상을 꿈꾸며

연습 2

임시·일용직을 위한 대책을 고민해야 할 때

최근 최저임금 인상과 근로 시간 단축이 임시·일용 근로자의 근로·소득 여건을 악화시킬 수 있다는 우려를 반영하는 통계가 나왔다. 13일 통계청의 '2018년 연간 고용동향'에 따르면 지난해 시간 관련 추가 취업 가능자 수는 62만 9천 명으로, 관련 통계 작성을 시작한 2015년 이래 최대치다. 시간 관련 추가 취업 가능자는 주당 취업 시간이 36시간 미만인 시간제 근로자로, 일정 소득을 위해 '투잡(two job)'을 구해야 하는 경우가 많다.

주 36시간 미만 시간제 근로자들이 많아진 건 무엇보다 고용자인 자영업자 등이 최근 2년간 30% 가까이 최저임금이 상승하자 장시간 고용을 회피하게 됐기 때문이다. 근로 시간 단축으로 추가·연장 근무가 없어진 것도 이에 따른 결과라 할 수 있다. 이들은 현재 사면초가의 상황에 놓여 있는 실정이다.

최저임금 인상과 근로 시간 단축 등은 정규직 근로자들에겐 대체로 긍정적 효과를 냈을 수도 있지만 임시·일용 근로자들에겐 매우 힘겨운 국면을 초래한 게 사실이다. 그나마 자영업자 등에겐 일자리 안정 자금 지원부터 카드 수수료 인하까지 이런저런 지원책이 마련되었지만 해당 근로자들은 투잡을 찾아 헤매야 하는 상황이 되었다.

추가 근로가 불법이 되고, 취업 시간마저 줄어든 결과, 월 150만 원까지는 벌 수 있었던 알바 근로자가 이젠 월 100만 원도 벌기 어렵게 됐다. 그런 식으로 노동 관계 법령이 개선되면서 이전보다 근로·소득 여건이 악화돼 위험에 직면한 근로자는 시간 관련 추가 취업 가능자뿐만 아니라 임시·일용 근로자들 역시 마찬가지로, 이들의 전반적 상황에 대한 점검과 정책이 강구될 필요가 있다.

① 핵심 문장 쓰기

- 각 문단에서 중심 내용을 찾아본다.

첫째 문단	
둘째 문단	
셋째 문단	
넷째 문단	

② **요약하기**

- 각 문단의 중심 내용들을 자연스럽게 연결하여 하나의 글로 재구성한다.

임시·일용직을 위한 대책을 고민해야 할 때

16과

세계 문화유산

01	도입	세계 유적지
	어휘	단어와 표현
	읽기	세계 문화유산
	관용표현 ⓰	
02	말하기	세계 문화유산
	확장하기	문화유산 발굴 및 보존과 관련된 어휘
	영화 ❷	시대상을 반영한 영화

01

도 입

1. 사진 속에 있는 나라와 문화 유적을 연결해 보고 유적에 대한 설명으로 맞는 것을 찾아보십시오.

피사의 사탑

페트라

마추픽추

수원 화성

(1) 이곳은 태양의 도시로 높은 산에 위치해 있고 울창한 나무로 둘러싸여 있다. 아래에서는 볼 수 없고 위에서만 볼 수 있어 공중 도시라고도 부른다.

(2) 이곳은 한 번도 전쟁을 겪지 않은 성으로 유명하며 대부분의 성들이 산에 있는 것과는 달리 이 성은 시내에 있다.

(3) 이곳은 장밋빛 붉은 도시라고 불리며, 정오가 지나면 사암에 만들어진 건축물들이 주황색, 노란색 또는 붉은색으로 빛을 낸다.

(4) 이 건물은 8층 높이에 294개의 계단이 건물 꼭대기까지 이어져 있고 건물 전체가 바로 서 있지 않다.

2. 위의 유적은 어떤 이유로 생겨났으며 어떤 특징을 가지고 있을지에 대해 추측하여 이야기해 보십시오.

(1) 8층 높이의 이 건물은 무슨 용도로 지어졌을까요? 그리고 이 건물은 왜 똑바로 서 있지 않을까요?

(2) 장밋빛 붉은 도시는 왜 시간이 지나면서 색깔이 변할까요? 이곳의 건물은 어떻게 지어졌을까요?

(3) 공중 도시가 만들어진 배경은 무엇일까요? 산 위에 만들어진 도시에서는 식량과 식수를 어떻게 해결했을까요?

(4) 적으로부터 도시를 보호하기 위해 만든 이 성은 적이 오는 것을 어떻게 알렸을까요?

어 휘

다음 어휘 또는 표현의 의미를 알아보고 아래 문장을 완성해 보십시오.

기울어지다	발길이 끊이지 않다	침입하다	부풀다	차지하다
장엄하다	교역	갖추다	쇠퇴하다	살리다

1. 형의 방에는 학창 시절부터 사 모은 CD가 한쪽 벽을 ________ 고 있다.
2. 평소에 볼 수 없었던 유명한 화가들의 작품들이 한자리에 모인 이번 전시회로 인해 미술관에는 사람들의 ________
3. 빵을 만들 때 반죽이 처음에는 작지만 온도를 적당히 맞추고 충분히 기다리면 점점 ________ (으)면서 커진다.
4. 경찰은 창고 안으로 ________ 아/어 물건을 훔쳐 가려고 하던 도둑을 잡았다.
5. 폭우로 인해 땅이 약해지면서 나무가 한쪽으로 ________ 아/어 지나가는 행인들을 위협한다.

6. 여동생은 국문학과를 졸업하고 전공을 ________ 아서/어서 잡지사에서 기자로 일하고 있다.
7. 이 원룸은 가구와 가전제품 등 생활에 필요한 모든 것들을 다 ________
8. 산업이 발전하고 수공업이 ________ (으)면서 아버지가 하던 수제 구두 사업도 내리막길을 걸었다.
9. 상업 활동이 활발해지면서 농산물과 수공업품의 ________ 을/를 위해 시장이 생겨나게 되었다.
10. 에베레스트 산의 정상에 오르자 산의 웅대하고 ________ (으)ㄴ/는 모습에 감탄의 소리가 저절로 나왔다.

읽 기

다음은 세계 문화유산에 대한 글입니다. 다음을 읽고 질문에 답해 보십시오.

가 피사의 사탑

이탈리아 서북부의 피사는 오랜 역사를 지닌 도시로 많은 유적지가 남아 있는데 그중에서도 한쪽으로 기울어진 사탑이 유명하다. 피사의 사탑은 원래 교회의 종탑으로 지어졌는데 계단을 통해 맨 위층에 오르면 서로 다른 음을 지닌 7개의 종이 있다. 이 탑이 완공되었을 때는 탑이 중심으로부터 1.4m 기울어져 있었는데 매년 조금씩 기울어져 현재 중심에서 약 5.2m 기울어져 있다고 한다.

피사의 사탑이 기울어진 것에 대해 여러 가지 추측이 있지만 처음부터 공사 지역을 잘못 선정한 데다 기초 공사를 제대로 하지 못해 기울어졌다는 주장이 가장 일반적이다. 그러나 탑이 기울어졌는데도 그동안 무너지지 않은 것은 사탑이 균형을 잘 이루고 있기 때문이며 이런 이유로 이 탑을 찾는 관광객들의 발길이 끊이지 않고 있다.

나 마추픽추

페루에 있는 신비의 도시 마추픽추는 약 400여 년간 정글 속에서 잠자고 있다가 1911년 한 역사학자에 의해 발견되었다. 이곳은 스페인 침략자들로부터 쫓기던 잉카인들이 2,430m 높이의 산 위로 올라가 건설한 도시로 주위의 높은 산과 울창한 나무로 인해 아래에서는 볼 수 없고 위에서만 확인할 수 있기 때문에 '공중 도시'라고도 불린다. 산의 경사면은 계단식 밭으로 이루어져 있으며 산 위에는 궁전과 신전, 마을 등 모든 것이 갖추어져 있다.

마추픽추에서 가장 눈길을 끄는 것은 산 위에 도시를 건설하면서 사용된 큰 돌들이다. 큰 돌 하나의 무게가 200톤에 가까운데 그들은 철로 된 도구 없이 어떻게 큰 돌을 자를 수 있었을까? 우선 큰 돌에 구멍을 여러 개 만든 후에 돌 안에 나무를 넣고 물을 붓는다. 시간이 지나면 나무는 부풀게 되고, 여러 개의 구멍에 있는 나무가 동시에 부풀면서 큰 돌이 갈라지게 된다. 이런 방법으로 그들은 자신들이 원하는 크기에 맞게 돌을 잘라 사용했다.

다 페트라

요르단에 있는 장밋빛 붉은 도시, 페트라는 사암 절벽을 통째로 깎아서 만든 도시로 누구나 그 장엄한 풍경에 입을 다물기 어려울 것이다. 페트라는 신비로운 색깔로도 유명한데 햇빛을 받는 정도에 따라 주황색, 노란색 또는 붉은색으로 달리 보인다. 사암으로 이루어진 좁고 깊은 골짜기를 따라 한참을 들어가면 극장과 목욕탕, 학교, 수도 시설 등을 갖춘 도시가 나타난다.

과거 페트라는 상인들이 낙타와 말을 타고 와 쉬었다가 가는 장소로 사람들의 왕래가 활발했던 곳이었다. 한동안 교역이 활발했던 이곳은 2세기에 이곳을 차지한 로마가 교역로를 다른 곳으로 바꾸면서 급속히 쇠퇴하기 시작했다. 7세기 이슬람의 침입과 지진으로 지도상에서 사라졌던 페트라는 1812년 스위스의 어느 작가에 의해 세상에 알려졌지만 천여 년 동안의 모래바람에 아직도 많은 부분이 묻혀 있다.

라 수원 화성

한국에는 단 한 번의 전쟁도 겪지 않은 유명한 성이 하나 있다. 바로 수원 화성이다. 화성은 동양과 서양 성들의 좋은 점만을 모아 만들어졌는데 첫째, 화성은 돌로 된 성과 흙으로 된 성의 장점만을 살려서 지었으며 모든 시설물은 지형 조건을 최대한 활용하였다. 둘째, 성을 지으면서 백성들의 수고를 덜고 빠르게 공사하기 위해 무거운 물체를 들어 올리는 '거중기'라는 새로운 기계를 사용하였다. 셋째, 화성은 다른 성들과는 다르게 돌과 벽돌로 지어져 더욱 견고하다.

화성 성벽을 따라 걸으면 성벽보다 높은 곳에 다섯 개의 굴뚝이 있는데 이것을 '봉돈'이라 부른다. 봉돈은 평소에는 1개, 가 __________ 2개, 나 __________ 3개, 다 __________ 4개 그리고 라 __________ 5개의 불을 피워 상황을 알렸는데 낮에는 연기, 밤에는 불을 사용하였다. 수원 화성이 문화유산으로서 가치를 가지는 또 다른 이유는 성을 지으면서 성의 형태는 물론 성을 쌓는 방법과 재료까지 자세히 기록으로 남겼다는 것이다. 성을 쌓을 때 만든 돌의 크기나 돌을 깎는 방법 등 화성을 짓는 데 필요한 모든 것을 알아보기 쉽게 글과 그림으로 남겼는데 이를 〈화성성역의궤〉라고 한다.

1. 세계 문화유산에 대한 설명 중에서 위 글의 내용과 다른 것은 무엇입니까?

(1) 피사의 사탑 (　　)

① 피사의 사탑은 교회의 종을 치기 위해 만들어졌다.
② 피사의 사탑은 처음 지을 때부터 기울어져 있었다.
③ 피사의 사탑은 처음부터 맞지 않은 지형에 세워졌다.
④ 피사의 사탑은 균형이 맞지 않아서 점점 기울어지고 있다.

(2) 마추픽추 ( )

① 잉카인들은 산에 계단 모양의 밭을 만들어 생활했다.
② 마추픽추는 잉카인들이 숨어 살기 위해 건설한 도시이다.
③ 마추픽추는 산 정상에 있기 때문에 아래에서는 볼 수 없다.
④ 잉카인들은 일찍부터 철로 된 도구를 사용해서 돌을 잘랐다.

(3) 페트라 ( )

① 페트라는 상업이 활발했던 곳이었다.
② 페트라는 사암 절벽을 깎아서 만든 도시이다.
③ 페트라는 교역이 쇠퇴하면서 완전히 사라졌다.
④ 페트라는 사람들이 살 수 있도록 다양한 시설을 갖췄다.

2. 보기 에서 알맞은 표현을 골라 빈칸 ㉮~㉱에 써넣으십시오.

보기	전쟁이 나면	적이 나타나면	적이 접근하면	적이 침입하면

관용표현 ⑯

한자성어	의미
대기만성(大器晩成)	큰 인물이 되기까지 시간이 많이 걸리다.
사면초가(四面楚歌)	도움을 받지 못하는 힘든 상황이다.
전화위복(轉禍爲福)	안 좋은 일이 나중에 오히려 좋은 일이 되다.
차일피일(此日彼日)	해야 하는 일이나 약속 날짜를 이날저날로 미루다.
학수고대(鶴首苦待)	어떤 일을 매우 기다리다.

1. 다음 상황과 관련 있는 한자성어를 말해 보십시오.

(1) 가정 형편이 어려워 장학금을 받아 유학을 가려고 했는데 장학금을 받을 수 없게 되었다. 주변에 나를 도와줄 사람이 없어 참 막막하다.

(2) 나는 집안이 가난해서 대학에 들어가지 못해 속상했는데 마침 고등학교 졸업자를 우대해 주는 기업에 취직하게 되었다. 대학을 졸업한 뒤에 취업을 하지 못한 친구들은 오히려 나를 부러워한다.

(3) 20대부터 소설가가 되기 위해 꾸준히 노력해 왔던 그 작가는 50대 후반이 되어서야 작가로서의 재능을 인정받게 되었다.

(4) 어머니는 도시로 떠난 아들이 고향에 내려오는 날만을 손꼽아 기다렸다.

(5) 방학 때 친구들과 함께 여행을 가기로 했는데 일 때문에 계속해서 미루다가 오늘에서야 약속을 지키게 되었다.

2. 한자성어를 넣어서 다음을 완성해 보십시오.

(1) 아버지는 사업을 하셨는데 회사 자금이 부족해서 매우 어려운 상황에 처하게 되었다. 은행 대출도 받을 수 없고 돈을 빌려 줄 친구조차 없는 상황이었다. 의지할 곳이 없었던 아버지는 이러한 ______ 의 상황에서 큰 고통을 겪으셨다.

(2) 친구에게 돈을 빌려줬는데 그 친구가 계속해서 돈 갚을 날짜를 ______ 미루고 있다. 나도 등록금을 내야 하는 상황인데 언제까지 기다려야 할지 답답하다.

(3) 오늘 내가 좋아하는 JY의 콘서트 표를 천신만고 끝에 겨우 구했다. 오랫동안 JY의 콘서트에 가게 될 날을 ______ (으)면서 기다리고 있었는데 정말 꿈만 같다.

(4) A 회사에서 만든 자동차에 문제가 생겨 회사는 어려운 상황에 직면하게 되었다. 그러나 회사 직원들이 열심히 노력한 덕분에 그때의 일이 ______ 의 기회가 되어 회사는 더욱 발전하게 되었다. 문제의 원인을 밝히기 위해 연구를 하다 보니 기술이 발달하여 뛰어난 품질의 제품을 개발하게 된 것이다.

(5) 그 배우는 오랜 무명 시절을 보내고 나이 마흔에 연기력을 인정받은 전형적인 ______ 형 배우이다.

3. 배운 표현을 사용해서 대화 또는 짧은 이야기를 만들어 보십시오.

02

말하기

1. 다음은 어느 건축물에 대한 설명인지 사진에서 골라 보십시오.

(1) 이 건축물은 왕이 사랑했던 왕비의 죽음을 애도하기 위해 세운 궁전 형식의 묘지이다.

(2) 이 건축물은 현재는 세계적인 명소가 되었으나 건설 초기에는 주변 경치를 해친다는 이유로 많은 사람들이 반대했다.

① 프랑스의 에펠탑

② 캄보디아의 앙코르와트

③ 인도의 타지마할

④ 중국의 이화원

2. 각 나라나 지역을 대표하는 건축물로 어떤 것이 있습니까? 건축물이 지니고 있는 역사적 가치나 특징에 대해 이야기해 보십시오.

① 중국의 만리장성

② 이탈리아의 콜로세움

③ 이집트의 피라미드 · 스핑크스

나라	대표적인 건축물	나라	대표적인 건축물

3. 다음에 대해 이야기해 보십시오.

(1) 세계 문화유산을 선정할 때 어떤 기준들이 필요하다고 생각하며 그 기준들이 왜 중요한지 이야기해 보십시오.

(2) 환경 오염, 관광산업 개발, 자연재해 등으로 인해 세계 문화유산이 훼손되는 것에 대해 어떻게 생각합니까? 문화유산을 보호할 수 있는 방법에는 어떤 것들이 있을지 이야기해 보십시오.

확장하기

1. **다음은 문화유산에 대한 설명입니다. 알맞은 어휘를 골라 문장을 완성해 보십시오.**

지정	보존	소장	소실	발굴	복원	등재	훼손

(1) 경복궁은 조선 초에 지어진 본궁(本宮)으로서 화재에 의해 (   ) 되었다가 다시 (   ) 되어 오늘날 지금의 형태를 갖추게 되었다.

(2) 종묘 제례악은 종묘에서 제사를 드릴 때 의식을 장엄하게 치르기 위하여 연주하는 기악과 노래, 춤을 말한다. 종묘 제례와 종묘 제례악은 유네스코에 의해 '중요 무형문화재'로 (   ) 되어 세계 무형 유산으로 (   ) 되었다.

(3) 아마존 정글은 지구의 허파로 불리는 곳으로 무분별하게 숲이 (   ) 되면서 점점 사라져 가고 있다. 이에 자연을 (   ) 하기 위한 정부의 대책이 시급하다.

(4) 아파트 공사를 하던 중 오래전 사용했던 것으로 보이는 유물들이 (   ) 되었는데, 당시 선조들의 생활상을 알 수 있어 학계의 관심이 집중되고 있다.

(5) 국립 중앙 박물관은 한국 최대의 박물관으로 (   ) 유물은 14만여 점에 이르며, 오래된 유물이나 문화적·학술적 의의가 깊은 자료를 수집하여 보관 및 전시하고 있다.

2. **무형 유산은 살아 있는 문화로 각종 지식과 기술, 공연 예술, 문학적 표현을 포함합니다. 다음은 유네스코에 새로이 등재된 무형 유산에 대한 설명입니다. 이 외에 우리 주위에서 볼 수 있는 것 중에 무형 유산으로 정하고 싶은 것이 있다면 무엇이 있습니까?**

프랑스 · 지중해 · 멕시코의 '음식 문화'	유네스코는 지중해 · 프랑스 · 멕시코, 세 나라의 음식 문화를 세계 무형 유산으로 선정하였다. 이는 '먹는 문화'에 대한 사람들의 높은 관심을 반영한 것이라 하겠다. 이들 나라의 경우 식재료와 관련된 것, 식사하는 법, 조리 방법 등 음식 문화와 관련된 모든 것이 등재 대상이 되어 있다.

영화 ❷

시대상을 반영한 영화

1. 팀을 구성한 후에 소개하고 싶은 영화를 선택해 보십시오.

남북 관계 관련 영화

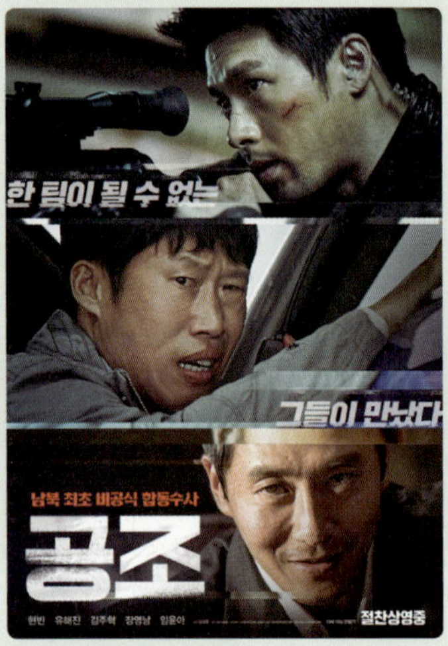

〈공조〉
(Confidential Assignment, 2016)

〈용의자〉
(The Suspect, 2013)

〈공작〉
(The Spy Gone North, 2018)

민주화 운동 관련 영화

〈택시운전사〉
(A Taxi Driver, 2017)

〈1987〉
(1987: When the Day Comes, 2017)

〈변호인〉
(The Attorney, 2013)

2. 다음 자료를 참고하여 팀별로 발표 준비를 해 보십시오.

보기

영화 〈국제시장〉

장르	드라마
개봉	2014년 12월 17일
상영 시간	126분
감독	윤제균
평점	관람객/네티즌: 9.16, 평론가: 5.81
줄거리	1950년대 한국 전쟁 이후 현재까지 격변의 시대를 거쳐 살아온 우리들 아버지의 이야기이다. 하고 싶은 것도 많고 꿈도 있었지만 그는 자신을 위해 살아본 적이 없다. 오직 가족을 위해 살아온 아버지의 이야기를 통해 자신의 아버지와 아버지의 삶에 대해 이해할 수 있는 계기가 될 것이다.

장면 1 한국 전쟁

장면 2 파독 광부

장면 3 베트남에 파견된 한국인들

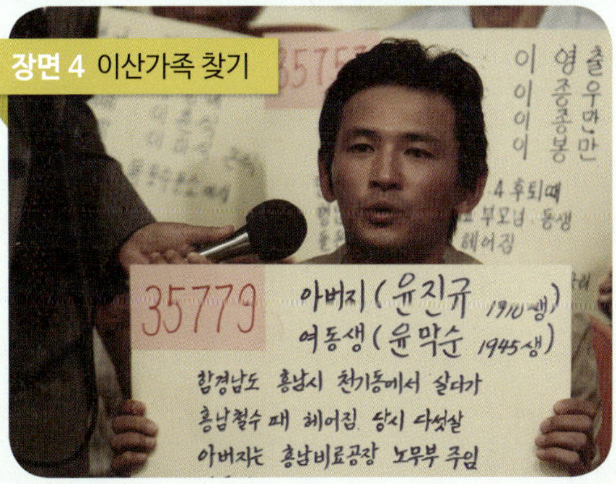

장면 4 이산가족 찾기

영화 :

장르		
개봉		
상영 시간		
감독		
평점		
줄거리		

장면 1

장면 2

장면 3

장면 4

3. 팀별로 영화를 소개해 보십시오.

4. 친구들의 발표를 들은 후 보고 싶은 영화를 골라 보십시오. 그리고 그 영화가 보고 싶은 이유에 대해서도 설명해 보십시오.

보고 싶은 영화	
보고 싶은 이유	

종합과제 8

01 보고서 ❽ 초록 발표

02 기사 발표 ❽ 국제

보고서 ❽ 초록 발표

보고서 ❶	주제 선정	보고서 ❷	목차 쓰기
보고서 ❸	자료 검색, 인용	보고서 ❹	예비 발표
보고서 ❺	서론	보고서 ❻	본론
보고서 ❼	결론, 참고 문헌	보고서 ❽	초록 발표

★ 초록 발표

초록 발표란 보고서나 논문의 주요 내용에 대해 간단하게 정리하여 발표하는 것을 말한다.

★ 초록 발표의 형식

보고서 제목

목차

1. 서론

2. 본론

3. 결론

4. 참고 문헌

초록 발표 PPT 예시

클래식 음악 교육의 필요성

6급 2반
미 칼

<목차>

1. 서론

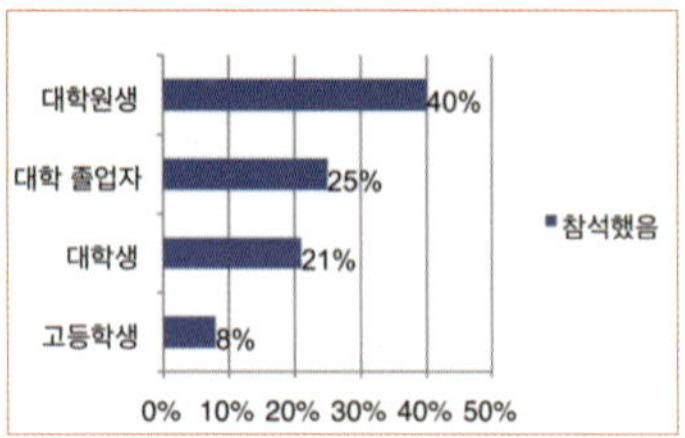

학력 수준에 따른 클래식 연주회 참석 비율

출처: Knight Foundation(2015), Classical Music Consumer Segmentation Study, NADAC, https://doi.org/10.3886/ICPSR35535.v1 (검색일: 2018년 02월 15일).

1. 서론

- 최근 클래식 음악 교육 저조
- 젊은 세대일수록 관심이 낮음
- 클래식 음악의 효과가 과소평가되고 있음

2.1. 클래식 음악의 발전 과정

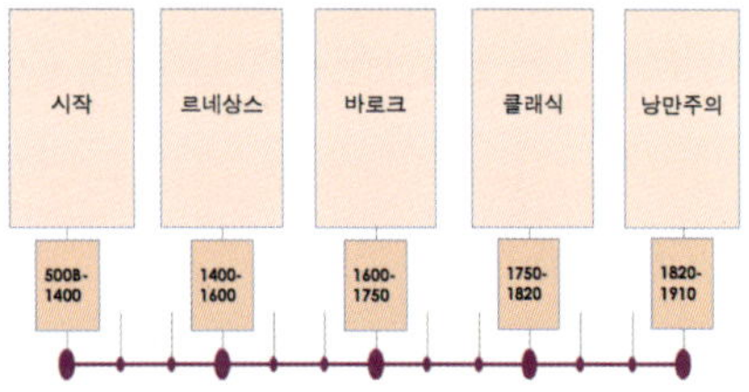

2.1. 클래식 음악의 발전 과정

모차르트

바흐

베토벤

2.1. 클래식 음악의 발전 과정

2.2. 클래식 음악의 발전 현황

Performing arts event[3]	Percent of U.S. adults attending 2002	2008	2012
Music			
Jazz	10.8%	7.8%	8.1%
Classical music	11.6%	9.3%	8.8%
Opera	3.2%	2.1%	2.1%
Latin music	Not asked	4.9%	5.1%
Outdoor performing arts festival	Not asked	20.8%	20.8%

지난 12개월 동안 최소 한 번 이상 공연 및 예술 활동에 참여한 미국 성인 비율: 2002, 2008, 2012

3. 클래식 음악의 효과

3.1. 감상자 측면

3.2. 연주가 측면

3.1. 감상자 측면

(1) 신체적 효과 : 혈압 효과

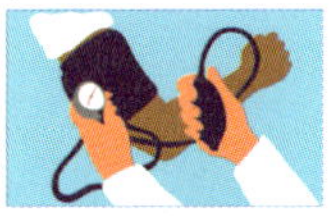

(2) 심리적 효과: 스트레스 해소

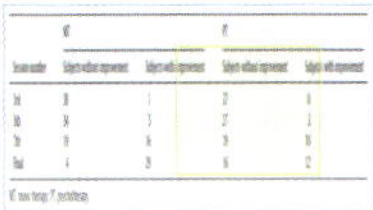

8주간의 음악/심리 치료 효과

우울증 치료

생산성, 시험점수 향상

3.2. 연주가 측면

악기를 배우는 것은 외국어를 배우는 것과 유사

(1) 신체적 효과 : 근력 회복

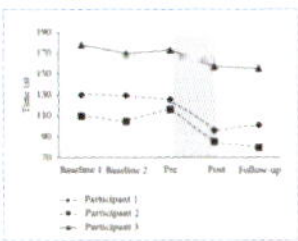

(2) 심리적 효과: 자존감 향상

4. 클래식 음악 교육의 필요성

- 클래식 음악의 역사를 알아야 제대로 감상 가능
- 클래식 음악 교육을 통해 생활 속의 중요한 기능을 배울 수 있음
- 클래식 음악을 통해 깊은 사색, 비판적 사고, 창의적 사고, 감수성 발달

5. 결론

- 클래식 음악을 필수 과목으로 지정
- 의학 치료나 자가 치료에 도움이 됨

참고 문헌

Allen, Cogen, Hager, Taylor (2014). Music: Its Language, History and Culture, Conservatory of Music of Brooklyn College of CUNY

Castillo-Perez et al(2010), Effects of music therapy on depression compared with psychotherapy, The Arts in Psychotherapy 37:5, 387-390

Chafin, Roy, Gerin, Christenfeld(2004), Music can facilitate blood pressure recovery from stress, British Journal of Health Psychology 9, 393-403,

Costa-Giomi(1999), The Effects of Three Years of Piano Instruction on Children's Cognitive Development, Journal of Research in Music Education 47, 198-212,

Czochanski, Felicia(2014), Playing for keeps: picking up an instrument as a child can lead to a myriad of developmental & life-long benefits, New York Family Nov.2014, 25,

Edwards(2016), The benefits of a classical music education. Prep School 53-55,

Engel(2014), Studying for finals? Let classical music help, USC News,

Hewett, How Western music conquered the world, The Telegraph,

Jorgensen(2003), Western classical music and general education, Philosophy of Music Education Review 11(2), 130-140

Knight Foundation, Classical Music Consumer Segmentation Study, NADAC

Lee Sun-young, Korea's top orchestras in trouble, The Korea Herald,

Martin(2008). Listening to classical music can relieve pregnancy stress, DailyMail UK,

Mohiuddin et al(2009), Effect of Baroque Classical Music on Mood, Concentration, Perceived Diagnostic Accuracy, Productivity, and Work Satisfaction of Diagnostic Radiologists, American Journal of Roentgenology 192, 20,

Neuman(2016), 10 Shocking Benefits of Listening to Classical Music, takelessons blog,

Roberts, America's orchestras are in trouble, TimesUnion,

Roberts(2018), Music is at risk of disappearing from schools, Classicfm Music NewsSevers(2016) How music can boost students' results, creativity and self-esteem, tes news

Siber · Triplett(2015), A Decade of Arts Engagement, NEA Research Report 58, 20-26

Villeneuve, Lamontagne(2013), Playing Piano can Improve Upper Extremity Function after Stroke: Case Studies, Stroke Research and Treatment Volume 2013, 1-5.

기사 발표 8 국제

1. 다음은 국가를 표기하는 한자입니다. 맞는 것을 연결해 보십시오.

(1) 미국 •	• 가 英
(2) 중국 •	• 나 美
(3) 일본 •	• 다 中
(4) 영국 •	• 라 北
(5) 독일 •	• 마 獨
(6) 북한 •	• 바 日

2. 국제 관련 어휘입니다. 알맞은 어휘를 골라 문장을 완성해 보십시오.

외교	회담	난민	국교	조약
독립	불법체류	페스티벌	유출	테러

(1) 중동 지역에서는 전쟁으로 인해 집과 가족을 잃고 나라를 탈출하는 ＿＿＿＿ 들이 늘고 있다. 이러한 ＿＿＿＿ 문제를 해결하기 위해 여러 나라들이 국제 ＿＿＿＿ 을/를 열기로 하였다.

(2) 우리 학교 개교 기념 ＿＿＿＿ 에는 연예인으로 활동하는 선배들이 참석하여 학생들의 열광적인 환영을 받았다.

(3) 시민 환경 단체에서 이 지역 공장들의 유해 물질 ＿＿＿＿ 에 대하여 감시하기로 하였다.

3. 다음 헤드라인을 읽고 기사 내용을 추측해 보십시오.

북한, 90년대 초부터 영국에 국교 수립 '러브콜'

獨 정치 불만 테러 잇따라… 긴장 고조

'독립 70주년' 이스라엘, 인구 80만→900만 명 '껑충'

서류 위조·지재권 도용·불법체류 목적 등 국제 무역 사기 더 대담하고 치밀해져

남북 모두 핵무기금지조약 가입… 국제사회서 인증 받아야

4. 다음 기사를 읽고 자신의 의견을 이야기해 보십시오.

美 캘리포니아 버클리대학 '방탄소년단' 강좌 개설

학생들의 관심사를 반영한 강의
대중적 인기와 학문은 구별되어야

미국 버클리 캘리포니아 대학(UC버클리)에서 아이돌 그룹 '방탄소년단'을 주제로 한 강좌가 개설됐다.

UC버클리의 '디칼(Democratic Education at Cal)' 프로그램 홈페이지를 보면 2019년 봄부터 '새로운 세대의 지도자들: 방탄소년단(Next Generation Leaders: BTS)'이라는 강의가 신규 개설된 것을 확인할 수 있다. '디칼'은 UC버클리 학생들이 직접 강좌를 개설하고 지식을 공유하는 교과 과정이다. 버클리 대학은 1960년대 미국의 '자유언론운동'이 시작된 곳으로 학생들은 의사 표현의 자유를 주장하고 인종 차별 반대 시위를 이끌기도 했다.

해당 수업의 안내문에는 "한국의 보이 그룹 방탄소년단(BTS)의 영향력과 세계적인 성공을 분석하기 위해 그들의 역사와 음악성, 자선 활동 등을 탐구한다."고 명시되어 있다. 이 수업은 2학점짜리로, 강의와 영상물 상영, 조별 토론으로 진행된다.

일부에서는 방탄소년단이 만들어 낸 문화적인 현상에 대해 학문적으로 접근하려는 시도를 긍정적으로 보고 있다. 그들의 예술성뿐만 아니라 조직적인 팬 문화는 엔터테인먼트 산업에 관심을 가지고 있는 학생들에게 배우고 연구할 가치가 있는 것이다.

그러나 다른 한편에서는 일시적인 대중 문화와 학문은 구별되어야 한다는 입장을 내세우고 있다. 이외에도 일시적인 현상을 학문으로 배우는 것이 과연 적절한 것인지 의문이라고 보는 시각도 있다.

5. 국제 관련 기사를 검색하여 기사 내용과 자신의 의견을 발표해 보십시오.

특별 수업

역사 탐방

대한민국역사박물관은 19세기 말 개항기부터 오늘날에 이르기까지 국민들의 헌신과 노력으로 고난과 역경을 딛고 발전한 대한민국의 역사를 기록하여 후세에 전승하고, 국민들의 자긍심과 염원을 모아 미래의 희망을 이야기하는 역사 문화 공간이다.

대한민국역사박물관은 대한민국의 역사를 함축하는 국가 상징 거리에 위치하며 주변의 다른 역사 문화 시설로 쉽게 이동할 수 있는 문화 중심축에 자리잡고 있어, '문화적 쉼'과 '역사와의 대화'가 가능한 소통의 공간이다.

대한민국역사박물관은 경제기획원, 문화체육관광부 등 주요 정부 청사로 사용되었던 건물의 역사성과 상징성을 살리고, 친환경 자재와 에너지 절감 기술을 사용하여 리모델링한 녹색 문화 시설이다.

- 대한민국역사박물관 홈페이지 -

대한민국역사박물관
National Museum of Korean Contemporary History

대한민국의 태동
(1876년~1948년)

자주적 근대 국가의 꿈과 노력. 국권 회복을 위해 희생한 선열들의 숭고한 정신

자주적 근대 국가의 꿈과 좌절

조선은 문호 개방 이후 근대적 개혁을 통해 자주 국권을 지키려고 하였으나 결국 일본에 의해 국권을 빼앗기게 되었다. 이러한 상황에도 대한제국의 선포와 의병 전쟁, 애국계몽운동 등의 방식으로 자주적 근대 국가의 꿈을 포기하지 않았다.

대한민국 임시정부와 독립운동

1910년 한·일 병합 조약 체결로 국권을 빼앗긴 후, 독립운동이 지속적으로 전개되었다. 3·1 운동으로 한국인의 독립 의지를 세계에 널리 알리면서 일본의 식민지 통치에 조직적으로 항거하고 독립운동을 주도하기 위하여 대한민국 임시정부를 수립하였다.

1945년 8·15 광복

한국은 1945년 8월 15일 일본이 연합국에 항복하면서 광복을 맞이하였다. 그러나 미국과 소련의 냉전 체제가 시작되면서 미국과 소련이 한반도를 분할 점령하였다. 강대국들의 신탁 통치에 대한 좌익과 우익의 의견 차이로 통일 정부 수립은 어려워졌다.

대한민국의 기초 확립
(1948년~1961년)

전쟁의 폐허 속에서도 희망을 잃지 않고 근대 국가의 토대를 구축한 불굴의 의지

대한민국 정부 수립

미소 냉전 체제하에서 좌우의 대립으로 혼란스러운 상황 속에서 유엔총회가 남북 자유총선거를 결의하였으나, 소련의 반대로 남한에서만 단독으로 총선거가 실시되었다. 1948년 5월 10일에 이루어진 최초의 민주적 선거를 통해 초대 국회가 구성되고 헌법이 제정되었으며, 대통령이 선출되어 대한민국 정부가 수립되었다.

6·25 전쟁과 전후 복구

북한의 기습 남침으로 야기된 6·25 전쟁은 국토의 상당 부분이 일시적으로나마 공산군의 지배하에 들어가는 수난을 가져왔다. 우리 국민은 최선을 다해 국가를 지켜냈으나 전쟁 뒤에 남은 것은 막대한 인명 피해와 폐허가 된 국토였다. 그러나 전쟁의 폐허 속에서도 우리 국민의 강인한 의지와 노력으로 좌절을 딛고 일어섰다.

근대 국가 토대 구축

6·25 전쟁 이후는 국제 사회의 원조를 받아 생활했던 매우 어려운 시기였지만, 정부는 해외 원조를 기반으로 경제의 기틀을 마련하고, 의무교육을 통해 인재를 육성하였다. 또한 시민과 학생의 힘으로 독재 정권을 무너뜨린 4·19 혁명은 이후 대한민국 민주화의 토대가 되었다. 그러나 4·19 혁명으로 탄생한 제2공화국은 5·16 군사정변으로 막을 내렸다.

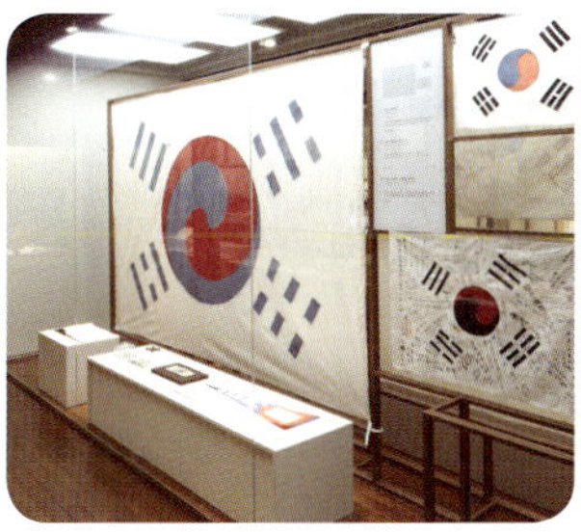

대한민국의 성장과 발전
(1961년~1987년)
고난과 역경을 극복하고 경제 성장과 민주화를 동시에 이룩한 국민의 헌신과 열정

경제개발과 산업화

남·북한 간의 긴장 상태와 대결 구도는 지속되고 있었지만, 경제적으로는 한강의 기적이라고 불리는 비약적인 발전을 이루었다. 경제개발 계획을 통해 공업화 정책을 추진하였고, 과학기술 인력 양성에도 힘썼다. 산업 노동자들이 해외로 진출하여 벌어들인 외화는 어려움을 겪던 한국 경제에 큰 힘이 되었다.

변모하는 도시와 농촌

1960년대 이후 본격적인 산업화 정책으로 이농 현상이 본격화됨에 따라 농촌은 노동력 부족 등으로 점차 소외되고, 도시는 인구 집중으로 인한 주택 부족 문제 등이 나타났다. 그러나 한편으로는 교통과 통신, 대중매체가 발달함에 따라 문화가 다양해지고 국민들의 삶이 양적·질적으로 성장하는 계기가 되었다.

시민 사회의 성장과 민주화 운동

경제 성장과 더불어 민주화의 바람은 오늘날 대한민국의 모습을 만들어낸 양대 기둥이었다. 오랜 군사 독재에 맞선 민주주의를 향한 국민들의 염원은 대한민국에 자유와 평등, 평화와 인권의 가치를 확립시켰다. 또한 민주주의가 확산되고 시민 사회가 성숙해 가는 과정에서 국민들의 삶은 한층 더 풍요로워졌다.

대한민국의 선진화, 세계로의 도약
(1987년~현재)
세계로 나아가는 대한민국. 자랑스러운 우리의 모습과 미래 이야기

민주주의의 진전

1987년의 민주 항쟁은 권위주의 정권을 종결시키고 국민의 의사를 반영하는 정치제도를 확립하는 데 기여했다. 대통령 직선제를 시작으로 국민의 정치 참여를 확대하는 제도를 정비해 나갔고 노동자 권익 보호, 언론 자유 확대, 헌법재판소 창설 등 기본권 확대를 위한 조치들이 취해졌다. 과거 부정부패를 청산하기 위한 청문회 도입, 금융실명제 시행 등이 잇따랐고 지방 자치제 등을 통한 국민의 정치 참여도 확대되고 있다. SNS는 시민들의 직접적 정치 참여에 영향을 주고 있다.

세계 속의 대한민국

경제성장과 민주화를 이루며 내적 토대를 다진 대한민국은 이제 세계화의 흐름 속에서 외적 자신감을 확인하고 있다. 원조를 받는 나라에서 원조하는 나라로 외교 지평을 넓히며 국제사회에서 책임 있는 역할을 하고 있는 것은 물론, 올림픽과 월드컵 등 국제 대회를 성공적으로 개최했다. 우리 고유의 역동적인 문화를 토대로 탄생한 '한류' 또한 주목을 받고 있다. 1990년대 후반의 외환 위기를 극복하고 경제의 선진화를 이룩했지만 소득 분배 악화 등 이면의 그늘도 짙어지고 있다.

통일의 염원

1980년대 말 이후 남북은 서로를 공존의 대상으로 바라보기 시작했다. 1988년 7·7 선언부터 2000년대 세 차례의 정상회담까지 남북은 금강산 관광, 개성공단 사업, 민간단체 교류 등 화해의 길로 나아가는 큰 흐름을 만들었다. 이러한 흐름 속에서 북핵 문제, 연평해전, 천안함 사건 등의 갈등 구조도 있었지만 스포츠를 통해 하나가 되었던 값진 경험도 있다. 평화의 염원을 모아 통일 한반도로 나아가는 것은 미래를 향한 큰 걸음이 될 것이다.

박물관 관람 후기

M.E.M.O

부록

모범 답안

찾아보기

모범 답안

9과 언어생활과 동물

01

도입

1. (1) 흔히 남자는 늑대라고 하고 여자는 여우라고 한다.
   (2) 새해에는 굼벵이처럼 게으른 성격을 고치고 소처럼 부지런해지기로 결심했다.
   (3) 부모님께서는 원앙/잉꼬처럼 늘 다정하신데 우리 남매는 만나기만 하면 개와 고양이처럼 싸운다.
2. (1) ㉯ (2) ㉰ (3) ㉱
   (4) ㉮ (5) ㉲ (6) ㉯

어휘

1. 드물다.
2. 어리석은
3. 번창해서
4. 연상시키는
5. 정서에
6. 미련하게
7. 대수롭지
8. 보잘것없어
9. 난처했다.
10. 온순해서

읽기

1. 언어에는 동물과 관련된 표현들이 있는데 그 동물에는 각각 고유한 의미가 있다. 이 의미는 문화에 따라 같기도 하고 다르기도 하다. 따라서 동물에 담긴 상징적 의미를 알면 사람들의 정서와 사고방식을 알 수 있다.
2. 돼지가 새끼를 많이 낳는 것처럼 사업이 번창하거나 재물이 많이 모이기를 바라는 마음에서 돼지 그림을 걸어 놓은 것이다.
3. 단어 앞에 '개-'가 붙은 말은 부정적인 의미로 쓰이는 경우가 많기 때문이다.
4. 쥐는 약한 존재, 작은 것을 상징한다.
5. (1) 돼지에 진주 목걸이: 아무리 좋은 물건이라도 가치를 모르는 사람에게는 소용없다.
   (2) 개꿈: 특별한 의미가 없고 별로 중요하지 않은 꿈
   (3) 소귀에 경 읽기: 가르치고 말해도 소용이 없거나 알아듣지 못할 때
   (4) 고양이 쥐 생각: 속으로는 해칠 마음이 있으면서 겉으로는 위해 주는 척하는 것

관용표현 ❾

1. (1) 까칠까칠
   (2) 쫄깃쫄깃
   (3) 화끈화끈
   (4) 미끌미끌
   (5) 따끔따끔
   (6) 바삭바삭
2. (1) 화끈화끈해.
   (2) 바삭바삭한
   (3) 따끔따끔하고
   (4) 미끌미끌해서
   (5) 까칠까칠해졌어.
   (6) 쫄깃쫄깃하고
3. 생략

02

말하기

1. (1) 판다 (2) 펭귄 (3) 코끼리
   (4) 사자 (5) 사슴 (6) 거북
   (7) 독수리 (8) 낙타 (9) 캥거루
   (10) 비둘기
2. 생략

확장하기

생략

요약하기 ❶

생략

10과 동물 생태 탐구

01

도입

1. (1) 고래의 (2) 새는 (3) 펭귄은
   (4) 코알라는 (5) 물고기는 (6) 개미는
   (7) 낙타의 (8) 벌은 (9) 사자의
   (10) 치타는
2. 생략

어휘

1. 알맹이를
2. 습성이
3. 부패해서
4. 멀찌감치
5. 빼앗기게
6. 영리해서
7. 경계해서
8. 순진해서
9. 방지
10. 제거하기

읽기

1. 새들은 도구를 이용할 줄 알고 인간의 언어를 따라할 수 있으며 숫자를 세는 것이 가능하고, 심지어 거짓말까지도 할 수 있다고 한다.
2. 애벌레는 쉽게 부패하기 때문에 빨리 찾아서 먹어야 하지만 땅콩은 시간이 많이 지난 후에 먹어도 괜찮기 때문이다.
3. 높은 곳에서 아스팔트 위로 호두를 떨어뜨리거나 차가 지나갈 때 호두가 차 바퀴에 깔리게 해서 알맹이를 빼 먹는다.
4. 둥지를 제거하는 전기 회사 차를 알아보거나 새끼를 훔쳐 간 사람의 얼굴을 기억하는 것을 통해서 알 수 있다.
5. '까마귀 고기를 먹었나?'라고 한다.
6. (1) O (2) O (3) O
   (4) X (5) X

관용표현 ⑩

1. (1) 눈 녹듯이 사라지다
   (2) 날개 돋친 듯이 팔리다
   (3) 발등에 불이 떨어지다
   (4) 씻은 듯이 낫다
   (5) 귀가 찢어질 듯하다
2. (1) 귀가 찢어질 듯했다.
   (2) 날개 돋친 듯이 팔리고
   (3) 발등에 불이 떨어져
   (4) 씻은 듯이 나아서
   (5) 눈 녹듯이 사라졌다.
3. 생략

02

말하기

1. 생략
2. 생략
3. (1) 가재는 게 편
   (2) 거북이걸음
   (3) 개코
   (4) 새우잠
   (5) 새 발의 피
   (6) 개미허리
4. 생략

확장하기

1. (1) 양서류
   (2) 포유류
   (3) 육식 동물, 초식 동물
   (4) 새끼
   (5) 우리, 둥지
   (6) 꼬리, 꼬리
   (7) 지느러미
2. • 악어 – 파충류
   • 박쥐 – 포유류
   • 거북 – 파충류
   • 펭귄 – 조류

고전 문학: 〈홍길동전〉

▪ 준비하기

생략

작품 읽기

1. 나 – 바 – 다 – 가 – 마 – 라
2. (1) O (2) O (3) O (4) X
3. ④

4. 서자로 태어났기 때문이다.
5. 홍길동은 활빈당과 함께 부패한 관리와 도둑들을 혼내주었다. 또한 자신이 서자로 태어나 불행하게 살았기 때문에 서자도 인정받을 수 있도록 신분제도를 개선하였다. 백성들은 홍길동을 왕으로 모시며 행복하게 살았다.

▪ 이야기 나누기

생략

고전 문학: 〈심청전〉

▪ 준비하기

생략

▪ 내용 확인하기

1. ㉮ 심청이 물속에서 눈을 떴을 때 눈앞에 화려한 용궁이 나타났다. 용왕은 심청의 효심에 감동하여 심청을 살려주었고 심청은 다시 살아 돌아와 왕과 결혼한다. 그러나 아버지 걱정으로 계속 슬퍼하는 심청을 보고, 왕은 잔치를 열어 아버지를 만나게 해 주겠다고 약속했다. 드디어 잔치를 여는 날이 되었다. 심청은 초조해하며 아버지를 찾고 있었다.

   ㉯ 심청은 용왕의 도움으로 다시 살아 돌아와 왕과 결혼한다. 그러나 아버지 걱정만 하는 심청을 위해 왕은 잔치를 열어 준다.

▪ 이야기 나누기

생략

종합과제 5

보고서 ❺: 서론

생략

기사 발표 ❺: 환경

1. (1) 화석 연료의
   (2) 온실가스의
   (3) 텀블러를
   (4) 재생 에너지에
   (5) 멸종을
2. 생략

3. 생략
4. 생략

11과 수면과 건강

01

도입

생략

어휘

1. 무리가 없도록
2. 지배적이다.
3. 틈틈이
4. 수면을 취하는
5. 극단적인
6. 건강을 해치고
7. 상반된
8. 이완시키는
9. 확보하려는
10. 타당하다.

읽기

1. 쇼트 슬리퍼는 5시간 미만을 자고도 일상생활에 지장이 없는 사람을 말하고, 롱 슬리퍼는 신체에 별다른 이상이 없는데도 10시간 이상 자지 않으면 견디지 못하는 사람을 말한다.
2. ①
3. 짧은 수면으로 인해 신체에 부담이 되어 건강을 해칠 수도 있다. 고혈압이나 심장병과 같은 질환을 유발할 수도 있다.
4. 자신의 노력이나 습관 형성으로 수면 시간을 조절할 수 있다는 주장을 중심으로 강연할 것이다.

관용표현 ⓫

1. (1) 사서 고생을 하다
   (2) 물불을 가리지 않다
   (3) 보는 눈이 있다
   (4) 다람쥐 쳇바퀴 돌듯 하다
   (5) 깨가 쏟아지다
2. (1) 사서 고생이에요?

(2) 깨가 쏟아지게
(3) 물불을 가리지
(4) 보는 눈이 있네.
(5) 다람쥐 쳇바퀴 돌듯 하면서
3. 생략

02

말하기
생략

확장하기
1. 생략
2. (1) 잠꼬대
(2) 잠을 설쳤다.
(3) 태몽이라고
(4) 가위눌리면서
(5) 수면 장애는
(6) 불면증이라고
3. 생략

요약하기 ❷
생략

12과 뇌와 생활 습관

01

도입
생략

어휘
1. 능률이
2. 활성화되어
3. 아침을 거르고
4. 섭취하는
5. 골고루
6. 간섭을
7. 듬뿍
8. 저하됐다.
9. 짬짬이
10. 공급하는

읽기
1. ❶ 몸을 움직이자
❷ 새로운 일에 도전하자
❸ 양손을 사용하자
❹ 충분한 수면을 취하자
2. (1) X (2) O (3) O (4) X
(5) O (6) X (7) X (8) O
(9) X (10) X

관용표현 ⓬
1. (1) 정정당당
(2) 노발대발
(3) 동병상련
(4) 다재다능
(5) 이심전심
2. (1) 이심전심으로
(2) 정정당당하지
(3) 다재다능한
(4) 노발대발하지 않을 수 없었다.
(5) 동병상련이/동병상련의 아픔이
3. 생략

02

말하기
생략

확장하기
1. (1) 새끼손가락을
(2) 검지와/집게손가락과, 중지로/가운뎃손가락으로
(3) 엄지를/엄지손가락을
(4) 집게손가락을
(5) 약지에
(6) 시각을
(7) 청각이라고, 촉각이라고
(8) 미각을
(9) 후각을
(10) 단백질은, 탄수화물은, 지방은, 비타민은, 무기질은

현대 문학: 〈사랑손님과 어머니〉

▪준비하기

생략

▪내용 확인하기

1. ②
2. ②
3. 아저씨가 아빠면 좋겠다고 생각함.

▪이야기 나누기

생략

현대 문학: 〈메밀꽃 필 무렵〉

▪준비하기

생략

▪내용 확인하기

1. (1) 발단: 허 생원은 동이를 보고 나무라지만 나귀 사건 이후 함께 봉평장으로 떠남.
   (2) 전개: 세 사람은 함께 떠나면서 허 생원의 추억을 듣게 됨.
   (3) 위기/절정: 동이의 이야기를 듣고 허 생원은 동이가 자신의 자식일지도 모른다는 생각에 개울에 빠짐.
   (4) 결말: 허 생원은 동이에게 업혀 개울을 건너게 되고 동이가 자신처럼 왼손잡이라는 것을 발견하게 됨.
2. ④

▪이야기 나누기

1. 동이가 아들일지도 모른다고 생각해서
2. 길은 지금 긴 산허리에 걸려 있다. 밤중을 지난 무렵인지 죽은 듯이 고요한 속에서 짐승 같은 달의 숨소리가 손에 잡힐 듯이 들리며 옥수수 잎새가 달에 푸르게 젖었다. 산은 피기 시작한 메밀꽃이 소금을 뿌린 듯이 보였다. 흐뭇한 달빛에 숨이 막힐 것 같았다.

종합과제 6

보고서 ❻: 본론

생략

기사 발표 ❻: 과학

1. (1) 생태계를
   (2) 변형되어
   (3) 가공하여
   (4) 3D 프린팅은
   (5) 프로그래머뿐만
2. 생략
3. 생략
4. 생략

13과 백화점과 소비 심리

01

도입

생략

어휘

1. 변질을
2. 돋보였다.
3. 치명적인
4. 닿는다.
5. 탓하면
6. 씀씀이가
7. 상대적으로
8. 용이하다.
9. 알아채서
10. 가급적

읽기

1. 백화점에서 충동구매를 하는 것은 자신의 의지가 약한 것도 원인이지만 고객에게 상품을 팔기 위한 백화점의 판매 전략도 영향을 미쳤기 때문이다.
2. 첫 번째는 상품에 치명적인 영향을 끼치는 햇빛을 막을 수 있다. 두 번째는 더 많은 공간 활용이 가능하다. 세 번째는 조명의 효과를 최대한 살릴 수 있다. 네 번째는 고객들의 발길을 오랫동안 잡아 두기 위해서다.
3. • 분수 효과: 아래층에서 위층으로 고객을 올려 보내는 효과
   • 샤워 효과: 위층에서 아래층으로 고객을 내려 보내는 효과

4. 에스컬레이터가 올라가는 방향의 오른쪽
5. (1) O (2) X (3) X (4) O

관용표현 ⓭

1. (1) 배가 등에 붙다
   (2) 돈방석에 앉다
   (3) 상다리가 부러지다
   (4) 손가락을 빨다
   (5) 두 손 두 발 다 들다
2. (1) 돈방석에 앉게
   (2) 두 손 두 발 다 들었어요.
   (3) 상다리가 부러질
   (4) 손가락 빨고
   (5) 배가 등에 붙을 것 같아.
3. 생략

02

말하기

생략

확장하기

1. (1) 물품 보관소는/물품 보관소에는
   (2) 고객 상담실은
   (3) 무상 수리를 받을
   (4) 수선실에
   (5) 파손된
   (6) 사은품으로
   (7) 결제, 할부로, 일시불로
2. 생략

요약하기 ❸

생략

14과 생활 속의 광고

01

도입

1. ❶ 바쁘다는
   ❷ 집안일을
   ❸ 고3이라는
   ❹ 북적이지만
   ❺ 따로따로
   ❻ 양치질
2. 생략
3. 생략

어휘

1. 경각심을
2. 위협에도
3. 유도하였다.
4. 처리해서
5. 구실을
6. 유발하기
7. 궁금증이
8. 내세워서
9. 증언을
10. 온정의

읽기

1. (1) 티저 광고
   (2) 증언 광고
   (3) 비교 광고
   (4) 위협 광고
   (5) 온정 광고
   (6) 유머 광고
2. ④

관용표현 ⓮

1. (1) 고진감래
   (2) 명실상부
   (3) 승승장구
   (4) 당연지사
   (5) 천신만고
2. (1) 당연지사이다.
   (2) 승승장구하는
   (3) 명실상부한
   (4) 고진감래라는
   (5) 천신만고
3. 생략

02

말하기

1. (1) 조금만 바꾸면~
   (2) 돈이라면 남기시겠습니까?
   (3) 이런 모습, 상상은 해 보셨나요?
   (4) 인터넷 언어, 교정이 필요하시군요.
   (5) 키를 뽑으면 저금통이 됩니다.
   (6) 일회용 나무?
2. 생략

확장하기

1. 생략
2. (1) 유통기한: 후면 표기일까지
   (2) 반품 및 교환: 본사, 각 공장, 영업소
   (3) 복용 시 주의 사항: 다른 감기약, 해열진통제 등과 동시에 복용하지 말 것
   (4) 고객 만족 팀: 수신자 요금 부담 080-940-1234
   (5) 사용 또는 보존 기준: 흡습되기 쉬운 제품이므로 개봉 후 바로 드십시오.
   (6) 보관 방법: 직사광선을 피하고 건조하고 서늘한 곳에 보관하십시오.
   (7) 부작용: 발진, 구토, 변비, 식욕부진, 현기증

영화 ❶: 〈국제시장〉

생략

종합과제 7

보고서 ❼: 결론, 참고 문헌

생략

기사 발표 ❼: 경제

1. (1) 임금 피크제가
   (2) 세금을
   (3) 인플레이션이라고
   (4) 수출은, 적자가
2. 생략
3. 생략
4. 생략

15과 세계의 축제

01

도입

생략

어휘

1. 끼얹거나
2. 억압과
3. 초월했다.
4. 계급의
5. 밀접한
6. 공식적인
7. 묵은해를
8. 다짐했다.
9. 신년
10. 각계의

읽기

1. * 첫 번째
     • 날짜: 양력 1월 1일
     • 의미: 공식적으로 한 해를 시작하는 날
   * 두 번째
     • 날짜: 음력 1월 1일
     • 의미: 가장 큰 명절(설날)
2. 다양한 색이 섞이면서 신분의 색도 사라진다. 참여한 모든 사람이 여러 색으로 섞여 신분의 차이를 잊는 것이다.
3. 효도를 표현하는 방법, 축복을 드린다는 의미
4. 생략

관용표현 ⓯

1. (1) 물과 기름
   (2) 옥에 티
   (3) 빙산의 일각
   (4) 꿔다 놓은 보릿자루
   (5) 눈엣가시
2. (1) 꿔다 놓은 보릿자루
   (2) 옥에 티가
   (3) 눈엣가시예요.
   (4) 빙산의 일각에
   (5) 물과 기름처럼
3. 생략

02

말하기

1. (1) 나담 축제
   (2) 매년 7월 11일~13일
   (3) 몽골의 독립기념일을 기념해 1922년에 시작되었다.
   (4) 몽골 전통 씨름, 활쏘기, 경마 경기
2. 생략

확장하기

1. (1) 3·1절
   (3) 노동절
   (4) 어린이날
   (5) 어버이날
   (6) 스승의 날
   (11) 한글날
   (12) 성탄절
2. (1) 한글날
   (2) 석가탄신일과, 성탄절이
   (3) 어린이날, 어버이날, 스승의 날
3. 생략
4. 생략

요약하기 ❹

생략

16과 세계 문화유산

01

도입

1. (1) 페루, 마추픽추
   (2) 한국, 수원 화성
   (3) 요르단, 페트라
   (4) 이탈리아, 피사의 사탑
2. 생략

어휘

1. 차지하고
2. 발길이 끊이지 않았다.
3. 부풀면서
4. 침입하여
5. 기울어져
6. 살려서
7. 갖추고 있다.
8. 쇠퇴하면서
9. 교역을
10. 장엄한

읽기

1. (1) ④　　(2) ④　　(3) ③
2. ㉮: 적이 나타나면
   ㉯: 적이 접근하면
   ㉰: 적이 침입하면
   ㉱: 전쟁이 나면

관용표현 ⓰

1. (1) 사면초가
   (2) 전화위복
   (3) 대기만성
   (4) 학수고대
   (5) 차일피일
2. (1) 사면초가의
   (2) 차일피일
   (3) 학수고대하면서
   (4) 전화위복의
   (5) 대기만성형
3. 생략

02

말하기

1. (1) ③
   (2) ①
2. 생략
3. 생략

확장하기

1. (1) 소실, 복원
   (2) 지정, 등재
   (3) 훼손, 보존
   (4) 발굴
   (5) 소장
2. 생략

영화 ❷: 시대상을 반영한 영화

생략

종합과제 8

보고서 ❽: 초록 발표

생략

기사발표 ❽: 국제

1. (1) – ㉯
   (2) – ㉰
   (3) – ㉵
   (4) – ㉮
   (5) – ㉴
   (6) – ㉱
2. (1) 난민들이, 외교, 회담을
   (2) 페스티벌에는
   (3) 유출에
3. 생략
4. 생략
5. 생략

특별 수업: 역사 탐방

생략

찾아보기

『함께 배워요 한국어 6A·6B』는 동국대학교 국제어학원이 개발한 한국어 교육 정규과정(200시간)용 교재입니다. 한국어를 배우는 고급 학습자들의 의사소통 능력 및 학문 목적 한국어 능력을 향상시키기 위해서 만들어졌습니다.

말하기 · 듣기 · 읽기 · 쓰기의 네 가지 의사소통 능력 향상을 위한 다양한 연습과 활동을 수록하였습니다. 특히 고급 학습자들의 대학(원) 학업 수행에 실질적인 준비 과정이 되도록 그에 적합한 주제와 내용으로 교재를 구성하였습니다.

고급 한국어 학습자들이 일상생활 문제에서 나아가 학문적, 사회적 쟁점에 대해서 이해하고 자신의 의견을 표현할 수 있도록 구성하였습니다. 또한 앞에서 배운 내용을 뒤에서 다시 접함으로써 학습자들이 자연스럽게 내용을 익힐 수 있도록 나선형 교육 방식을 실현하고자 하였습니다.

- 일상생활 문제에서 나아가 학문적, 사회적 쟁점을 이해하기 위한 주제로 구성
- 학습자가 자기 주도적으로 연습하고 과제 활동을 수행하도록 제시
- 고급 수준에 맞는 구조적인 글쓰기를 체계적으로 제시
- 전문적인 영역을 깊이 있게 다룬 듣기, 읽기 텍스트와 과제 제시
- 대학(원) 학업 수행을 위한 실질적인 준비 과정으로 구성
- 이해 영역과 표현 영역의 유의미한 통합 활동이 가능하도록 구성
- 사진, 삽화, 도표 등 다양한 시각 자료 제시
- MP3 듣기 파일 제공

값 15,000원
ISBN 978-89-7801-966-8
ISBN 978-89-7801-964-4(세트)

Beginner's Korean Conversation 1

베리 한국어회화

나찬연 지음

초급1

도서출판 경진

지은이 **나찬연**

지은이 나찬연은 1960년에 부산에서 태어났다. 부산대학교 국어국문학과를 졸업하고(1986), 같은 학교의 대학원에서 문학석사(1993)와 문학박사(1997)의 학위를 받았다. 지금은 경성대학교 국어국문학과의 교수로서 국어학과 한국어 교육에 관련된 교과목을 강의하고 있다. 현재 '경성대학교 한국어학당'의 소장을 맡고 있으며, '국제한국어교육학회', '우리말학회', '한글학회' 등의 회원으로 활동하고 있다.